200 RECETAS ULTRARRÁPIDAS

EN UN PLIS PLAS

200 RECETAS ULTRARRÁPIDAS

Élise
Delprat-Alvarès

Fotografías de
Amandine Honegger

Larousse

INTRODUCCIÓN

Cuando llega la hora de preparar la comida, siempre es lo mismo: la inspiración se esfuma y la varita mágica brilla por su ausencia. Me sucede incluso a mí, que soy una cocinera experimentada. A veces no tenemos tiempo, ni tampoco las ganas o la energía para ponernos a cocinar. Hemos tenido un día de locos, el fin de semana ha pasado demasiado rápido... La conclusión es evidente: encontrar recetas de platos muy sencillos, que no afecten ni al presupuesto ni a nuestro peso, que hayan demostrado su eficacia y que se cocinen rápido... ¡Todo un quebradero de cabeza!

¡A grandes males, grandes remedios! Aceptamos el reto para evitar que la cena resultara siempre la perjudicada, con comidas rápidas y demasiado grasas. Con unos sencillos consejos, podrás cocinar fácil y ligero a diario. Por ejemplo, sustituye la nata normal por nata ligera.

La clave del éxito está ante ti. Con muy pocos ingredientes y un mínimo de tiempo, solo debes atreverte a encontrar las combinaciones adecuadas para cocinar platos deliciosos y equilibrados, ya sea para la familia, los amigos o los días de fiesta. ¡Simplemente abre la nevera y los armarios!

Partiendo de esta premisa y repasando los clásicos, nos pusimos manos a la obra para superar el gran reto de ofrecer nuestras mejores recetas: 200 recetas que siempre funcionan, saludables y al alcance de todos, cuidadosamente seleccionadas y que se preparan con rapidez. 100 % probadas y aprobadas. Valores seguros para todos los gustos y todos los bolsillos. ¡Recetas que harás tuyas!

Del entrante al postre, deleitarás a tus comensales con una cocina original, colorida y equilibrada: ¡suficiente para volver a ponerte el delantal!

SUMARIO

APERITIVOS

Dip de atún 10
Copas de crema de remolacha y atún 12
Bolas de queso fresco y uva 14
Caramelos de ciruelas pasas y jamón serrano 16
Salchichón de solomillo 18
Rollitos de wraps de jamón y queso 20
Tapas de pera y lomo embuchado 22
Pizz'ins (pizzas estilo muffins) 24
Cookies de queso de cabra y avellanas 26
Rollitos de salmón ahumado 28
Palmeras de tomate concentrado 30
Champiñones rellenos de queso de cabra 32
Rollitos de olivada 34
Buñuelos de bacalao al estilo de las Antillas 36
Huevos con tocino asado al estilo muffin 38
Pastel de pavo y queso de cabra 40
Bricks al huevo 42
Pastel de verano 44

ENTRANTES

Huevos en nido de brioche 46
Aguacates gratinados con huevo 48
Tarrina de zanahorias 50
Tarrina de foie gras 52
Pan de salmón 54
Tarrina de tomates y queso de cabra 56
Pan de brioche de salmón 58
Sopa de zanahoria a la naranja 60
Sopa de alubias blancas y tomate 62
Sopa mediterránea 64
Minestrone 66

PLATOS

Crema de coliflor con trucha ahumada 68
Sopa iraní 70
Sopa de calabacín y queso 72
Ensalada Mao 74
Ensalada da Vinci 76
Tabulé 78
Tostadas con peras y roquefort 80
Quiche de quesitos sin masa 82
Pastel suflé de queso 84
Tarta fina de tomate 86
Quiche al tomillo 88
Torta de pato y lentejas 90
Pastel de dos salmones 92
Torta de salmón 94
Casi pastel de cebolla 96
Tarta flambeada 98
Pizza filo 100
Pizza blanca 102
Pizza de verano 104
Egg boats de beicon y queso 106
Sándwich normando 108
Farfalle a la italiana 110
Ñoquis a la sartén al estilo cantonés 112
Fideos chinos con pato 114
Tallarines variados 116
Tallarines verdes con brócoli 118
Linguine con panceta curada 120
One pan pasta con atún 122
Pasta con berenjena y gorgonzola 124
Canelones de espinacas y ricotta 126
Lasaña provenzal 128
Ñoquis exprés con nata 130
Pasta rellena de espinacas 132
Risotto de pasta y guisantes 134
Risotto con chorizo y pollo 136
Muslos de pollo con verduras 138
Pollo asado al azafrán 140
Pollo a la vasca 142
Sartenada de pollo con calabacín y tomate 144
Pintada con ciruelas pasas 146
Pollo al vinagre 148
Pollo dorado con miel 150
Pollo asado a la provenzal 152
Tajín de pollo con orejones de albaricoque 154
Brochetas de pollo yakitori 156
Pollo con salsa de soja dulce 158
Pollo al curri con leche de coco 160
Pollo al limón con aceitunas 162
Pintada con cerezas al oporto 164
Pavo salteado con setas 166
Rollos de pavo con beicon 168
Pavo salteado con mostaza a la antigua 170
Curri de pavo con dátiles 172
Osobuco de pavo 174
Redondo de pavo con manzanas 176
Codornices con pasas 178
Papillotes de pato al melocotón 180
Pato a la piña 182
Solomillos de pato a la naranja 184
Hamburguesas con aguacate 186
Calabacines rellenos 188

PLATOS (CONTINUACIÓN)

Ternera picada con zanahorias y comino 190
Albóndigas de ternera con cilantro 192
Chile *light* y fácil 194
Cuscús de albóndigas exprés 196
Verduras rellenas a la marroquí 198
Carbonada de buey con cerveza y pan de especias 200
Tournedós con cebollas 202
Entraña con chalotas 204
Ternera mechada al roquefort 206
Babilla de ternera con zanahorias y miel 208
Ternera a la normanda 210
Escalopas de ternera con costra de especias 212
Solomillo al limón 214
Conejo a la mostaza 216
Conejo con ciruelas pasas 218
Conejo al vino blanco 220
Paletilla de cerdo al albaricoque 222
Costillas de cerdo con miel 224
Solomillo al roquefort 226
Redondo de cerdo con miel 228
Solomillo con puré de boniato 230
Redondo de cerdo con limón onfitado 232
Medallones de cerdo a las cuatro especias 234
Potaje en 10 minutos 236
Jamón con piña 238
Paletilla de cordero al ajo 240
Paletilla de cordero a la naranja 242
Chuletas de cordero con beicon 244
Chuletas de cordero con costra 246
Cordero salteado con queso fresco 248
Brochetas de cordero con albaricoque 250
Papillotes de salmón con hinojo 252
Salmón marinado con zumo de naranja 254
Salmón gratinado con hierbas aromáticas 256
Pescado a la vainilla 258
Lomo de bacalao con lomo embuchado 260
Rollos de merluza con jamón serrano 262
Filetes de merluza con zanahorias y limón 264
Curri de carrillera de rape con sidra 266
Rape al azafrán 268
Cola de rape con aguacate 270
Truchas con almendras 272
Doradas asadas con costra de sal 274
Filetes de lenguado con alcachofas 276
Filetes de salmonete con beicon 278
Salmonetes a la albahaca 280
Sardinas rellenas de albahaca 282
Gambas al curri con leche de coco 284
Fricasé de vieiras y gambas 286
Gambas al whisky 288
Vieiras con crema de whisky 290
Blanqueta de vieiras 292
Calamares con tomate y vino blanco 294

Calamares con pimentón y tomate 296
Mejillones al curri........ 298
Polenta de pescado a la provenzal 300
Gratén de bacalao........ 302
Gratén nórdico de salmón y patatas 304
Gratén de raviolis y zamburiñas........ 306
Gratén de acelgas con requesón........ 308
Gratén delfinés........ 310
Clafoutis de tomates cherry y queso de cabra 312
Gratén de coliflor con panceta curada........ 314
Gratén de calabaza y patata 316
Tomates rellenos vegetarianos 318
Coles de Bruselas con tofu y manzana........ 320
Sartenada de surimi con puerros 322
Curri vegetariano........ 324
Casi piperrada 326
Tortilla de patatas........ 328
Tortilla de queso de cabra con menta........ 330
Pastel de tortilla........ 332
Huevos con tomate y ajo 334
Huevos revueltos con espárragos.. 336
Huevos en cocotte de tres maneras........ 338
Plato de mamá de la nevera vacía........ 340
San jacobos de lomo embuchado y calabacín........ 342
Tortas de patatas y jamón........ 344
Panqueques de calabacín rallado... 346

POSTRES

Gratén de frutas de invierno........ 348
Gratén de mango y tapioca........ 350
Crumble de manzana 352
Cazoletas dulces exóticas........ 354
Plátanos flambeados........ 356
Papillotes de higos........ 358
Tarta normanda de manzana........ 360
Pastel de manzana 362
Flan mágico 364
Pastel de galletas de mantequilla 366
Flan de coco 368
Fiadone........ 370
Far bretón 372
Flan de huevo en olla exprés........ 374
Clafoutis de frutas del bosque........ 376
Manzanas al horno con nubes de ositos de chocolate........ 378
Tiramisú de frambuesa 380
Rosas de manzana........ 382
Perlas de Japón con sirope de rosa 384
Panna cotta con café 386
Mousse de chocolate 388
Crema quemada con sirope de violeta........ 390
Arroz con leche........ 392
Mousse de queso fresco con fresas 394
Limón en jalea........ 396
Galette des rois infalible 398
Tronco de castaña........ 400
Cookies de chocolate y pera........ 402
Tejas de pasta de cabello de ángel .. 404
Financieros instantáneos........ 406
Rollitos de plátano y coco 408

Índice de recetas por ingrediente ... 410

5 MIN

SIN COCCIÓN

6

PRESUPUESTO MINI

DIP
DE ATÚN

200 G DE ATÚN AL NATURAL

3 PETITS SUISSES

1 CUCHARADITA DE MOSTAZA

1 CUCHARADITA DE ZUMO DE LIMÓN

2 CUCHARADITAS DE CEBOLLINO

... Y TAMBIÉN UNA PIZCA DE SAL Y PIMIENTA

1. Pon todos los ingredientes, excepto el cebollino, en el vaso de una batidora. Tritura hasta que obtengas un puré espeso.
2. Vierte la mezcla en un cuenco y condimenta. Esparce el cebollino picado y sirve el dip con unas tostadas.

Puedes sustituir los petits suisses por 150 g de queso fresco batido.

EXPRÉS

COPAS DE CREMA DE REMOLACHA Y ATÚN

10 MIN

SIN COCCIÓN

6

PRESUPUESTO MINI

1 REMOLACHA ROJA COCIDA

150 G DE ATÚN AL NATURAL

120 G DE QUESO FRESCO BATIDO

1 HUEVO

3 CUCHARADAS DE PEREJIL

... Y TAMBIÉN UNA PIZCA DE SAL Y PIMIENTA

1. Corta la remolacha en trozos y ponla en el vaso de una batidora junto con el atún y el queso fresco batido. Tritura hasta que obtengas una crema untuosa.
2. Prepara un huevo duro, pélalo y cháfalo con un tenedor.
3. Reparte el primer preparado en unas copas, condimenta y esparce el huevo duro chafado y el perejil picado.

LIGHT

PARA RECIBIR INVITADOS

15 MIN

SIN COCCIÓN

6

PRESUPUESTO MINI

BOLAS DE QUESO FRESCO Y UVA

24 GRANOS DE UVA NEGRA

200 G DE QUESO DE CABRA FRESCO

2 CUCHARADAS DE SEMILLAS DE AMAPOLA

1. Forma unas bolas pequeñas de queso con las manos con una uva en cada una.
2. Pásalas por las semillas y resérvalas en la nevera. Pincha un palillo en cada bola antes de servir.

Puedes utilizar también semillas de sésamo o de lino.

VEGETARIANO

¡RECETA GUAU!

15 MIN

2 MIN

6

PRESUPUESTO MINI

CARAMELOS
DE CIRUELAS PASAS Y JAMÓN SERRANO

4 HOJAS DE MASA BRICK

12 CIRUELAS PASAS SIN HUESO

4 LONCHAS DE JAMÓN SERRANO

1 O 2 CUCHARADAS DE ACEITE DE OLIVA

1. Recorta 6 rectángulos en cada hoja de masa brick. Corta el jamón en tiras y las ciruelas pasas por la mitad. Enrolla media ciruela pasa con una tira de jamón.
2. Enrolla cada rollito de jamón con un rectángulo de masa brick. Ata los extremos con hilo de cocina.
3. Dora los caramelos en una sartén con aceite caliente durante 2 minutos (dales la vuelta de vez en cuando). Colócalos sobre papel absorbente y retira los hilos.

10 MIN

SIN COCCIÓN

6

PRESUPUESTO MEDIO

SALCHICHÓN DE SOLOMILLO

450 G DE SOLOMILLO DE CERDO

130 G DE SAL GRUESA

2 PIZCAS DE PIMIENTA

2 CUCHARADAS DE HIERBAS PROVENZALES

1 RAMITA DE ROMERO

1. Mezcla la sal gruesa con la pimienta y las hierbas provenzales sobre un paño. Coloca el solomillo encima y frótalo con la preparación.
2. Añade el romero y dobla el paño bien apretado alrededor de la carne.
3. Reserva durante 4 días en el cajón de verduras de la nevera. Cepilla el solomillo para desechar el exceso de sal y córtalo en rodajas.

Puedes sustituir el solomillo por magret de pato.

¡RECETA GUAU!

10 MIN

SIN COCCIÓN

6

PRESUPUESTO MINI

ROLLITOS DE WRAPS DE JAMÓN Y QUESO

4 TORTILLAS DE TRIGO

4 CUCHARADAS DE QUESO FRESCO BATIDO

1 CUCHARADA DE CEBOLLINO

4 LONCHAS DE JAMÓN

8 HOJAS DE LECHUGA

...Y TAMBIÉN UNA PIZCA DE SAL Y PIMIENTA

1. Calienta las tortillas en un plato durante 25 segundos en el microondas.
2. Mezcla el queso fresco batido con el cebollino picado y condimenta. Unta las tortillas con esta preparación y reparte, a continuación, el jamón y la lechuga.
3. Enrolla las tortillas y envuélvelas con film transparente. Resérvalas en la nevera. Córtalas en rodajas antes de servir.

10 MIN

15 MIN

6

PRESUPUESTO MEDIO

TAPAS DE PERA Y LOMO EMBUCHADO

3 PERAS

130 G DE RICOTTA

90 G DE ROQUEFORT

LONCHAS DE LOMO EMBUCHADO

1 CUCHARADITA DE PIMENTÓN DULCE

1. Corta las peras en 6 rodajas gruesas y repártelas en una bandeja de horno forrada con papel sulfurizado.
2. Hornea las peras durante 15 minutos a 210 °C. Deja que se enfríen.
3. Mezcla los quesos en un cuenco. Coloca 2 o 3 lonchas de lomo embuchado en cada rodaja de pera y reparte 1 cucharada de queso encima. Espolvorea con el pimentón.

PARA RECIBIR INVITADOS

¡RECETA GUAU!

10 MIN · 15 MIN

6 · PRESUPUESTO MINI

PIZZ'INS (PIZZAS ESTILO MUFFINS)

1 MASA PARA PIZZA

3 CUCHARADAS DE SALSA DE TOMATE

6 LONCHAS DE LOMO EMBUCHADO

4 PIZCAS DE GRUYER RALLADO

2 PIZCAS DE ORÉGANO

1. Reparte la salsa de tomate sobre la masa. Añade el lomo embuchado y el gruyer, y enrolla la masa.
2. Corta el rollo de masa en porciones de 5 cm. Colócalas en unos moldes para muffins. Espolvoréalas con el orégano y hornéalas durante 15 minutos a 210 °C.

Si no dispones de moldes para muffins, prepara unas palmeras. Tritura los ingredientes, cubre la masa con la mezcla y enróllala por los lados. Envuélvela con film transparente y resérvala durante 20 minutos en el congelador. Córtala en porciones de 2 cm y hornéalas durante 15 minutos a la misma temperatura.

15 MIN

10 MIN

6

PRESUPUESTO MEDIO

COOKIES DE QUESO DE CABRA Y AVELLANAS

120 G DE QUESO DE CABRA SEMISECO

UN PUÑADO DE AVELLANAS

50 G DE PURÉ DE ALMENDRA

1 HUEVO

120 G DE HARINA

UNA RAMITA DE TOMILLO

1. Chafa el queso de cabra y mézclalo con el puré de almendra, el huevo, la harina y una pizca de tomillo. Amasa y forma unas bolas (añade un poco de harina, si es necesario).
2. Coloca las bolas en una bandeja de horno forrada con papel sulfurizado y aplástalas con el dorso de una cuchara.
3. Añade unas avellanas presionándolas y hornea las cookies durante unos 10 minutos a 210 °C.

VEGETARIANO

10 MIN

SIN COCCIÓN

6

PRESUPUESTO MEDIO

ROLLITOS DE SALMÓN AHUMADO

4 CREPS DE TRIGO SARRACENO

4 LONCHAS DE SALMÓN AHUMADO

150 G DE NATA FRESCA

2 CUCHARADITAS DE PIMIENTA ROSA

2 CUCHARADITAS DE ZUMO DE LIMÓN

... Y TAMBIÉN UNA PIZCA DE SAL Y PIMIENTA

1. Mezcla la nata con la pimienta rosa picada y el zumo de limón. Salpimienta.
2. Recorta los bordes de las creps para obtener unos cuadrados. Úntalos con la preparación anterior y cúbrelos con salmón. Enrolla las creps y córtalas en porciones.

LIGHT

10 MIN

20 MIN

4

PRESUPUESTO MINI

PALMERAS DE TOMATE CONCENTRADO

1 MASA DE HOJALDRE

3 CUCHARADAS DE TOMATE CONCENTRADO

3 PIZCAS DE GRUYER RALLADO

1. Reparte el tomate concentrado en la masa y espolvorea con el gruyer. Enrolla la masa por cada lado hasta el centro. Envuélvela con film transparente y resérvala durante 30 minutos en el congelador.
2. Retira el rollo de masa del congelador y córtalo en porciones de 2 cm de grosor. Hornea durante 20 minutos a 200 °C.

Puedes sustituir el tomate concentrado por pesto.

VEGETARIANO

15 MIN

20-30 MIN

6

PRESUPUESTO MEDIO

CHAMPIÑONES RELLENOS DE QUESO DE CABRA

12 CHAMPIÑONES

100 G DE QUESO DE CABRA FRESCO

1 CUCHARADA DE NATA FRESCA

1 CUCHARADITA DE MIEL

2 TALLOS DE CEBOLLINO

... Y TAMBIÉN UNA PIZCA DE SAL Y PIMIENTA

1. Corta los pies de los champiñones y tritúralos. Mezcla el queso de cabra con la nata fresca y la miel. Salpimienta. Añade los pies de los champiñones triturados y el cebollino picado.
2. Rellena los sombreros de los champiñones con la preparación anterior y hornea de 20 a 30 minutos a 150 °C.

VEGETARIANO

ROLLITOS DE OLIVADA

15 MIN

20 MIN

4

PRESUPUESTO MEDIO

1 MASA DE HOJALDRE

100 G DE ACEITUNAS NEGRAS

3 CUCHARADAS DE ALCAPARRAS

25 G DE FILETE DE ANCHOA

4 CUCHARADAS DE ACEITE DE OLIVA

1. Prepara la olivada: para ello, tritura las aceitunas con las alcaparras, las anchoas y el aceite. Reparte la olivada sobre la masa. Enrolla la masa por cada lado hasta el centro, envuélvela con film transparente y resérvala durante 30 minutos en el congelador.
2. Retira el rollo de masa del congelador y córtalo en porciones de 1 cm de grosor.
3. Coloca las porciones en una bandeja de horno forrada con papel sulfurizado y hornéalas durante 20 minutos a 180 °C.

Utiliza masa para pizza rectangular y aceitunas sin hueso.

10 MIN

5 MIN

6

PRESUPUESTO DE FIESTA

BUÑUELOS DE BACALAO AL ESTILO DE LAS ANTILLAS

200 G DE BACALAO DESALADO

2 HUEVOS

10 CL DE LECHE

½ CEBOLLA

2 DIENTES DE AJO

... Y TAMBIÉN GUINDILLA (1 PEQUEÑA), PEREJIL (1 CUCHARADA) Y ACEITE PARA FREÍR

1. Corta la cebolla en rodajas finas. Pica el ajo, la guindilla y el perejil. Mezcla todo con los huevos y la leche en un cuenco. Desmenuza el bacalao y añádelo. Incorpora bien y deja que repose durante al menos 1 hora.
2. Forma unas bolas con la pasta anterior. Sumérgelas en aceite para freír muy caliente y dóralas durante unos 5 minutos.
3. Escurre los buñuelos sobre papel absorbente y sírvelos calientes.

Para variar, sustituye el bacalao salado por bacalao fresco.

10 MIN

15 MIN

4

PRESUPUESTO MINI

HUEVOS CON TOCINO ASADO AL ESTILO MUFFIN

4 HUEVOS

4 LONCHAS DE TOCINO

4 REBANADAS DE PAN DE MOLDE

4 CUCHARADITAS DE NATA LÍQUIDA 15 %

... Y TAMBIÉN UNA PIZCA DE SAL Y PIMIENTA

1. Corta 4 discos de pan con la ayuda de un aro y colócalos en los huecos de un molde para muffins.
2. Fríe las lonchas de tocino en una sartén antiadherente y colócalas en círculo alrededor de los huecos de los moldes.
3. Casca 1 huevo en el centro y añade 1 cucharadita de nata líquida. Condimenta y hornea durante unos 15 minutos a 180 °C.

Estos huevos, acompañados de ensalada de nueces, son un delicioso plato para los amantes de la buena comida que no disponen de tiempo.

10 MIN

30 MIN

4

PRESUPUESTO MINI

PASTEL DE PAVO Y QUESO DE CABRA

10 REBANADAS DE PAN DE MOLDE

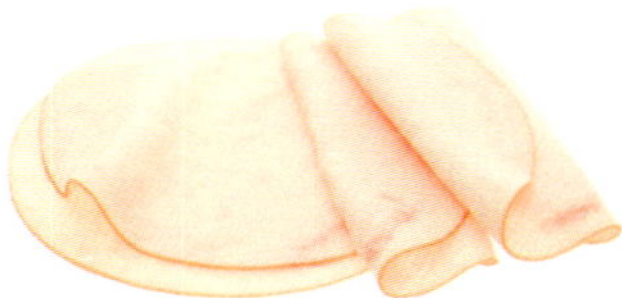

8 LONCHAS DE JAMÓN DE PAVO

50 G DE QUESO DE CABRA FRESCO

20 CL DE NATA LÍQUIDA 15 %

3 HUEVOS

... Y TAMBIÉN PARMESANO RALLADO (1 CUCHARADA), SAL Y PIMIENTA

1. Corta el queso de cabra en trozos y derrítelo en una cacerola con la nata líquida. Deja que se entibie y añade los huevos sin dejar de batir. Condimenta. Recorta la corteza del pan.
2. Coloca una primera capa de pan en un molde para bizcochos. Rocía con la crema de queso de cabra y cubre con una loncha de pavo. Prosigue así hasta que se acaben los ingredientes. Finaliza con una capa de pan.
3. Vierte el resto de la crema, espolvorea con el parmesano y hornea durante 30 minutos a 210 °C.

10 MIN

4 MIN

4

PRESUPUESTO MEDIO

BRICKS
AL HUEVO

4 HOJAS DE MASA BRICK

4 HUEVOS

130 G DE ATÚN AL NATURAL

2 CUCHARADAS DE PEREJIL

1 CUCHARADA DE ACEITE DE OLIVA

... Y TAMBIÉN UNA PIZCA DE SAL Y PIMIENTA

1. Extiende las hojas de masa brick, casca un huevo en cada una y reparte el atún desmenuzado. Esparce el perejil picado, condimenta y dobla las hojas en cuatro.
2. Cuece las hojas de masa brick en una sartén con el aceite durante 2 minutos por lado.

EXPRÉS

10 MIN

25 MIN

4

PRESUPUESTO MINI

PASTEL
DE VERANO

100 G DE FETA

100 G DE TOMATES SECOS

180 G DE HARINA

1 SOBRE DE LEVADURA QUÍMICA

2 HUEVOS

... Y TAMBIÉN LECHE DESNATADA (10 CL), ALBAHACA (2 CUCHARADAS), SAL Y PIMIENTA

1. Mezcla la harina con la levadura, los huevos y la leche. Añade el feta chafado con un tenedor, los tomates y la albahaca picada sin dejar de batir.
2. Condimenta y vierte la masa en un molde para bizcochos forrado con papel sulfurizado. Hornea durante 25 minutos a 180 °C.

Puedes duplicar las cantidades para preparar 2 pasteles y congelar uno para más adelante.

VEGETARIANO

10 MIN

10 MIN

4

PRESUPUESTO MINI

HUEVOS EN NIDO
DE BRIOCHE

4 HUEVOS

4 BRIOCHES PEQUEÑOS

200 G DE CINTAS DE BEICON

4 CUCHARADITAS DE NATA LÍQUIDA 15 %

... Y TAMBIÉN UNA PIZCA DE SAL Y PIMIENTA

1. Corta la parte superior de los brioches y vacíalos con una cuchara. Reparte unas cintas de beicon y casca un huevo en el centro.
2. Condimenta, rocía con la nata líquida y vuelve a colocar la parte superior de los brioches. Hornea durante unos 10 minutos a 180 °C.

Compra los minibrioches en tu panadería habitual.

EXPRÉS

5 MIN

10-12 MIN

4

PRESUPUESTO MINI

AGUACATES GRATINADOS CON HUEVO

2 AGUACATES

4 HUEVOS

2 CUCHARADAS DE PARMESANO RALLADO

1 CUCHARADITA DE CEBOLLINO

2 CUCHARADAS DE NATA LÍQUIDA 15 %

4 REBANADAS DE PAN DE PUEBLO

1. Corta los aguacates por la mitad, desecha el hueso y colócalos en una fuente refractaria.
2. Casca un huevo en cada aguacate y espolvoréalos con el parmesano y el cebollino picado. Condiméntalos y hornéalos de 10 a 12 minutos a 180 °C.
3. Rocíalos con la nata líquida y sírvelos con el pan de pueblo tostado.

Para que se mantengan más estables, coloca los aguacates en unos aros de pastelería.

VEGETARIANO

PARA RECIBIR INVITADOS

15 MIN

1 H 15

4

PRESUPUESTO MINI

TARRINA
DE ZANAHORIAS

2 MANOJOS DE ZANAHORIAS NUEVAS

400 G DE RICOTTA

3 HUEVOS

250 G DE BEICON

... Y TAMBIÉN UNA PIZCA DE SAL Y PIMIENTA

1. Corta las zanahorias en trozos y cuécelas en una cacerola durante 15 minutos. Tritúralas. Mézclalas con la ricotta y los huevos, y condimenta. Fríe el beicon en una sartén.
2. Alterna capas de la preparación a base de zanahorias y beicon en un molde para bizcochos forrado con papel sulfurizado. Cocina al baño maría en el horno a 210 °C durante 45 minutos.
3. Sirve la tarrina en rebanadas con salsa de nata fresca y comino.

PARA RECIBIR INVITADOS

TARRINA
DE FOIE GRAS

20 MIN

5 MIN

4

PRESUPUESTO DE FIESTA

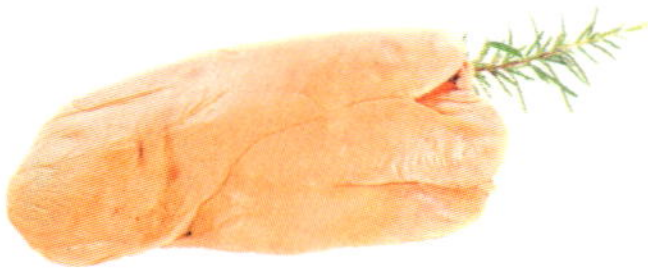

1 KG DE FOIE GRAS CRUDO

4 MANZANAS

30 G DE MANTEQUILLA

3 CUCHARADAS DE CALVADOS

... Y TAMBIÉN UNA PIZCA DE SAL Y PIMIENTA

1. El día anterior, corta las manzanas en rodajas y dóralas durante 10 minutos con la mantequilla. Vierte el calvados al final de la cocción.
2. Corta el foie gras en 3 porciones a lo largo y condiméntalo. Alterna capas de manzana y de foie gras en una tarrina. Cubre con papel sulfurizado. Coloca unos pesos encima y reserva durante al menos 12 horas en la nevera.
3. Envuelve la tarrina con film transparente y caliéntala durante 5 minutos en el microondas junto a un vaso de agua. Reserva de nuevo durante 12 horas más en la nevera.

PARA RECIBIR INVITADOS

15 MIN

50 MIN

4

PRESUPUESTO
DE FIESTA

PAN
DE SALMÓN

500 G DE SALMÓN FRESCO

4 LONCHAS DE SALMÓN
AHUMADO

3 HUEVOS

20 CL DE NATA
LÍQUIDA 15 %

1 CUCHARADA DE ENELDO

... Y TAMBIÉN UNA PIZCA
DE SAL Y PIMIENTA

1. Forra la base de un molde para bizcochos con papel sulfurizado y coloca 2 lonchas de salmón ahumado.
2. Corta el salmón fresco en trozos y tritúralo junto con los huevos, la nata líquida y el eneldo picado. Condimenta y vierte la mitad de la preparación en el molde. Cubre con el resto de salmón ahumado y vierte el resto de la mezcla anterior.
3. Hornea durante 50 minutos al baño maría a 180 °C.

PARA RECIBIR
INVITADOS

15 MIN

SIN COCCIÓN

4

PRESUPUESTO MINI

TARRINA DE TOMATES Y QUESO DE CABRA

1 KG DE TOMATES

1 QUESO DE CABRA EN RULO

UNAS HOJAS DE ALBAHACA

... Y TAMBIÉN UNA PIZCA DE SAL Y PIMIENTA

1. Sumerge los tomates durante unos segundos en una cacerola con agua hirviendo y, a continuación, pásalos por agua fría. Pélalos y córtalos en rodajas (desecha las semillas).
2. Alterna capas de tomates y de queso de cabra cortado en rodajas finas en una tarrina forrada con film transparente. Esparce la albahaca picada y condimenta con sal.
3. Envuelve con film transparente, coloca unos pesos para presionar y reserva durante 12 horas en la nevera. Retira el exceso de líquido antes de desmoldar. Acompaña esta tarrina con una vinagreta con albahaca.

VEGETARIANO

10 MIN

40 MIN

4

PRESUPUESTO MEDIO

PAN DE BRIOCHE DE SALMÓN

250 G DE SALMÓN NATURAL

4 REBANADAS DE PAN DE BRIOCHE

20 CL DE LECHE

5 HUEVOS

... Y TAMBIÉN UNA PIZCA DE SAL Y PIMIENTA

1. Desmenuza el pan y ponlo en la leche. Bate los huevos y añádelos junto con el salmón. Salpimienta.
2. Vierte la preparación en un molde para bizcochos engrasado con mantequilla y hornea durante 40 minutos a 150 °C.
3. Sirve el pan con cebollino picado, pimienta rosa y una salsa a base de nata fresca y salsa de tomate.

10 MIN

40 MIN

4

PRESUPUESTO MINI

SOPA DE ZANAHORIA A LA NARANJA

1 KG DE ZANAHORIAS

1 NARANJA

1 CUCHARADITA DE JENGIBRE

½ CUCHARADITA DE COMINO

10 CL DE NATA LÍQUIDA 15 %

... Y TAMBIÉN CALDO DE POLLO (1 L), SAL Y PIMIENTA

1. Corta las zanahorias en rodajas y cuécelas durante 30 minutos con el caldo de pollo.
2. Incorpora el zumo y la ralladura de la naranja, el jengibre rallado y el comino. Condimenta. Prosigue la cocción 10 minutos más.
3. Tritura, añade la nata líquida y mezcla.
4. Sirve la sopa con un poco de cilantro picado.

LIGHT

10 MIN

1 H

4

PRESUPUESTO MINI

SOPA DE ALUBIAS BLANCAS Y TOMATE

150 G DE ALUBIAS BLANCAS

50 CL DE TOMATE FRITO

1 CEBOLLA

2 HOJAS DE SALVIA

4 CUCHARADITAS DE PESTO

... Y TAMBIÉN UNA PIZCA DE SAL

1. El día anterior, pon las alubias en remojo en agua fría.
2. El mismo día, corta la cebolla en rodajas finas y rehógala en una cacerola para que suelte el agua. Añade las alubias y cubre con agua. Condimenta con sal y lleva a ebullición.
3. Agrega la salvia y cuece a fuego lento durante 40 minutos. Incorpora el tomate frito y prosigue la cocción 10 minutos más.
4. Reparte la sopa en cuencos con 1 cucharadita de pesto en cada uno.

VEGETARIANO

15 MIN

15 MIN

4

PRESUPUESTO MINI

SOPA MEDITERRÁNEA

300 G DE ZANAHORIAS

300 G DE TOMATES

300 G DE CEBOLLAS

2 HINOJOS

1 PIMIENTO NARANJA

... Y TAMBIÉN UN DIENTE DE AJO,
NATA FRESCA ESPESA (2 CUCHARADAS),
ALBAHACA (UNAS HOJAS),
SAL Y PIMIENTA

1. Corta las hortalizas en trozos y las cebollas en rodajas finas, y ponlas junto con el ajo chafado en una olla exprés con 1,5 l de agua. Salpimienta. Cuece durante 10 minutos desde el silbido de la válvula.
2. Tritura, añade la nata fresca y esparce la albahaca picada.
3. Cuece durante 30 minutos más en una cacerola.

VEGETARIANO

LIGHT

MINESTRONE

25 MIN

30 MIN

4

PRESUPUESTO MINI

120 G DE ALUBIAS BLANCAS

2 PUERROS

2 NABOS

2 TOMATES

200 G DE GUISANTES

... Y TAMBIÉN CALDO (1 L), PASTA PARA SOPA (60 G,) ALBAHACA (10 HOJAS), SAL Y PIMIENTA

1. Cuece las alubias durante 20 minutos en el caldo de verduras. Corta los puerros, los nabos y los tomates en dados pequeños y añádelos a la cacerola junto con los guisantes y la pasta.
2. Condimenta y prosigue la cocción durante unos 10 minutos más. Sirve con un poco de albahaca.

Puedes ahorrar tiempo si sustituyes las verduras frescas por verduras congeladas para caldo.

VEGETARIANO

15 MIN

20 MIN

4

PRESUPUESTO MEDIO

CREMA DE COLIFLOR CON TRUCHA AHUMADA

300 G DE COLIFLOR

1 CEBOLLA

1 PUERRO

50 CL DE LECHE DESNATADA

3 LONCHAS DE TRUCHA AHUMADA

... Y TAMBIÉN ACEITE DE OLIVA (1 CUCHARADA), SAL Y PIMIENTA

1. Corta la cebolla y el puerro en rodajas finas y dóralos en una cacerola con el aceite. Añade los ramitos de coliflor, la leche y 25 cl de agua.
2. Condimenta, mezcla y lleva a ebullición. Cuece durante unos 15 minutos a fuego lento.
3. Tritura hasta que obtengas una textura fina. Sirve la crema en platos con unas tiras de trucha ahumada.

10 MIN

1 H

4

PRESUPUESTO MINI

SOPA
IRANÍ

200 G DE CEBADA PERLADA

1 CEBOLLA

1 LIMA

1 CUCHARADITA DE CÚRCUMA

2 ZANAHORIAS

... Y TAMBIÉN ACEITE DE OLIVA (2 CUCHARADAS), CALDO DE VERDURAS (1,5 L), TOMATE CONCENTRADO (70 G), NATA LÍQUIDA (15 CL), PEREJIL (1 CUCHARADA), SAL Y PIMIENTA

1. Corta la cebolla en rodajas finas y dórala en una cacerola con el aceite. Añade la cebada, el zumo de la lima y la cúrcuma, y mezcla.
2. Vierte el caldo de verduras, el tomate concentrado y condimenta. Cuece 1 hora a fuego lento.
3. Al final de la cocción, agrega las zanahorias cortadas en dados pequeños y la nata líquida, y mezcla. Sirve con el perejil picado.

Puedes encontrar la cebada perlada en la sección de productos ecológicos del supermercado.

VEGETARIANO

PARA RECIBIR INVITADOS

10 MIN

25 MIN

4

PRESUPUESTO MINI

SOPA DE CALABACÍN Y QUESO

4 O 5 CALABACINES

1 PASTILLA DE CALDO DE POLLO

2 KIRI®

1. Corta los calabacines en rodajas sin pelarlos y ponlos en una cacerola. Añade agua sin cubrirlos y la pastilla de caldo.
2. Cuece tapado durante unos 25 minutos a fuego lento. Agrega el queso y tritura.

Puedes incorporar una cebolla cortada en rodajas finas y dorada.

10 MIN

SIN COCCIÓN

4

PRESUPUESTO MEDIO

ENSALADA MAO

1 LECHUGA

2 MANGOS

400 G DE GAMBAS

10 HOJAS DE MENTA

30 G DE ANACARDOS

... Y TAMBIÉN SALSA DE SOJA DULCE (3 CUCHARADAS), SAL Y PIMIENTA

1. Pon la lechuga limpia en una ensaladera. Añade los mangos cortados en dados y las gambas peladas.
2. Condimenta con la salsa de soja. Esparce la menta picada y los anacardos. Salpimienta.

EXPRÉS

PARA RECIBIR INVITADOS

10 MIN

5 MIN

4

PRESUPUESTO MINI

ENSALADA
DE VINCI

400 G DE PASTA DE COLORES

1 MELÓN

1 PEPINO

2 BOLAS DE MOZZARELLA

UNAS HOJAS DE ALBAHACA

... Y TAMBIÉN VINAGRETA CON LIMÓN (2-3 CUCHARADAS), SAL Y PIMIENTA

1. Cuece la pasta al dente. Deja que se enfríe y ponla en un cuenco.
2. Corta el melón en dados, el pepino en rodajas y la mozzarella en dados. Añade todo a la pasta y mezcla.
3. Rocía con la vinagreta, condimenta y esparce la albahaca picada.

Para darle un toque italiano, añade unos tomates Torino.

VEGETARIANO

EXPRÉS

TABULÉ

10 MIN · **SIN COCCIÓN**

4 · **PRESUPUESTO MINI**

300 G DE SÉMOLA COCIDA

4 TOMATES

1 PEPINO

2 LIMONES

10 ACEITUNAS NEGRAS

... Y TAMBIÉN MENTA (1 CUCHARADA), SAL Y PIMIENTA

1. Corta los tomates y el pepino en dados, y ponlos en un cuenco junto con la sémola. Rocía con zumo de limón.
2. Añade las aceitunas sin hueso cortadas en rodajas y la menta picada. Condimenta y mezcla. Reserva durante 2 horas en la nevera.

Si deseas una receta aún más light, sustituye la sémola por coliflor cruda triturada.

VEGETARIANO

10 MIN
5 MIN
4
PRESUPUESTO MINI

TOSTADAS CON PERAS Y ROQUEFORT

4 REBANADAS DE PAN DE PUEBLO

50 G DE ROQUEFORT

3 PERAS

2 CUCHARADAS DE NUECES

1. Corta las peras en rodajas y colócalas sobre las tostadas. Hornéalas durante 3 minutos bajo el grill.
2. Chafa el roquefort con un tenedor y repártelo sobre las rodajas de pera. Hornea durante 2 minutos. Esparce las nueces troceadas.
3. Sirve con ensalada de temporada.

VEGETARIANO

PARA RECIBIR INVITADOS

10 MIN

30 MIN

4

PRESUPUESTO MINI

QUICHE DE QUESITOS SIN MASA

5 QUESITOS LA VACA QUE RÍE®

40 CL DE LECHE DESNATADA

4 HUEVOS

80 G DE HARINA

120 G DE CINTAS DE BEICON

... Y TAMBIÉN UNA PIZCA DE NUEZ MOSCADA, SAL Y PIMIENTA

1. Tritura el queso con la leche y los huevos en el vaso de una batidora hasta que obtengas una pasta lisa.
2. Vierte la mezcla en un cuenco. Añade la harina y la nuez moscada sin dejar de batir. Rectifica la sazón.
3. Reparte las cintas de beicon en un molde para pasteles forrado con papel sulfurizado. Cubre con la pasta anterior y hornea durante 30 minutos a 180 °C.

PASTEL SUFLÉ DE QUESO

10 MIN

30 MIN

4

PRESUPUESTO MINI

1 MASA BRISA

300 G DE QUESO

3 HUEVOS

20 CL DE NATA LÍQUIDA 15 %

15 CL DE LECHE DESNATADA

... Y TAMBIÉN HARINA (1 CUCHARADA), SAL Y PIMIENTA

1. Separa las claras de las yemas de los huevos. Bate las yemas con la nata líquida, la leche y la harina.
2. Corta el queso en lonchas. Monta las claras a punto de nieve. Añade todo a la preparación anterior y mezcla con cuidado.
3. Pon la masa en un molde forrado con papel sulfurizado. Vierte la preparación a base de queso y hornea durante 30 minutos a 180 °C.

Para cortar las lonchas de queso, utiliza un pelador o una mandolina.

TARTA FINA
DE TOMATE

10 MIN

30 MIN

4

PRESUPUESTO MINI

1 MASA DE HOJALDRE

5 TOMATES

2-3 CUCHARADAS DE MOSTAZA

1 CUCHARADITA DE HIERBAS PROVENZALES

1. Desenrolla la masa en un molde para pasteles y pínchala con un tenedor. Pincélala con mostaza.
2. Corta los tomates en rodajas y repártelos. Espolvorea la tarta con las hierbas provenzales. Hornéala durante unos 30 minutos a 200 °C.

Elige unos tomates muy maduros y mostaza a la antigua.

VEGETARIANO

LIGHT

15 MIN · 50-55 MIN · 6 · PRESUPUESTO MINI

QUICHE
AL TOMILLO

1 MASA BRISA

70 G DE GRUYER RALLADO

200 G DE CINTAS DE BEICON

25 CL DE NATA FRESCA LIGERA

1 HUEVO

... Y TAMBIÉN TOMILLO (1 RAMITA) Y PIMIENTA

1. Desenrolla la masa en un molde para pasteles y pínchala con un tenedor. Coloca unas alubias secas en la base y hornea durante 10 minutos a 180 °C. Retira el molde del horno y las alubias.
2. Reparte el gruyer y las cintas de beicon. Cubre con la nata fresca. Vierte el huevo batido y esparce tomillo abundante en hojas. Condimenta con pimienta. Hornea de 40 a 45 minutos a la misma temperatura.

25 MIN

25-30 MIN

6

PRESUPUESTO DE FIESTA

TORTA DE PATO Y LENTEJAS

2 MASAS DE HOJALDRE

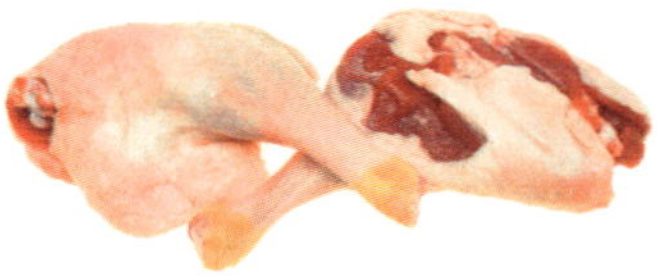

2 MUSLOS DE CONFIT DE PATO

150 G DE LENTEJAS COCIDAS

1 CUCHARADA DE ACEITE DE OLIVA

1 YEMA DE HUEVO

... Y TAMBIÉN UNA PIZCA DE PIMIENTA

1. Dora los muslos en el aceite. Retírales la piel y córtalos en trozos pequeños.
2. Desenrolla la masa en un molde para pasteles. Reparte el pato y las lentejas y condimenta con pimienta. Cubre con la segunda masa y dobla los bordes hacia dentro.
3. Pincela la parte superior de la torta con la yema de huevo batida. Hornea de 25 a 30 minutos a 200 °C.

PARA RECIBIR INVITADOS

15 MIN

40 MIN

4

PRESUPUESTO MEDIO

PASTEL DE DOS SALMONES

1 MASA BRISA

200 G DE SALMÓN FRESCO

200 G DE SALMÓN AHUMADO

4 HUEVOS

40 CL DE NATA LÍQUIDA

... Y TAMBIÉN CEBOLLINO (4 TALLOS)

1. Desenrolla la masa en un molde para pasteles forrado con papel sulfurizado.
2. Bate los huevos en un cuenco. Añade la nata líquida, el salmón fresco cortado en dados, el salmón ahumado en tiras y el cebollino picado.
3. Vierte la preparación en el molde y mezcla. Hornea durante 40 minutos a 200 °C.

PARA RECIBIR INVITADOS

15 MIN

45 MIN

4

PRESUPUESTO
DE FIESTA

TORTA
DE SALMÓN

2 MASAS DE HOJALDRE

500 G DE SALMÓN NATURAL

4 HUEVOS

4 BISCOTES

3 CHALOTAS

... Y TAMBIÉN NATA FRESCA (3 CUCHARADAS), SAL Y PIMIENTA

1. Desenrolla la masa en un molde con los bordes altos. Mezcla el salmón con 3 huevos y una clara (reserva la yema para dorar), los biscotes chafados, las chalotas en rodajas finas y la nata fresca en un cuenco. Salpimienta.
2. Vierte la preparación en el molde y cubre con la segunda masa. Abre un hueco en el centro y pincela la parte superior con yema de huevo. Hornea durante 45 minutos a 200 °C.

10 MIN

30 MIN

4

PRESUPUESTO MINI

CASI PASTEL DE CEBOLLA

4 CEBOLLAS

70 G DE HARINA

2 HUEVOS

30 CL DE LECHE DESNATADA

3 PIZCAS DE GRUYER RALLADO

... Y TAMBIÉN MANTEQUILLA (10 G), SAL Y PIMIENTA

1. Corta las cebollas en rodajas finas y dóralas en una sartén antiadherente con la mantequilla.
2. Bate la harina con los huevos y la leche en un cuenco. Añade las cebollas y el gruyer, y mezcla.
3. Reparte la preparación en un molde para pasteles forrado con papel sulfurizado y hornea durante 25 minutos a 180 °C.
4. Sirve con ensalada de brotes de espinacas y piñones.

VEGETARIANO

10 MIN

15 MIN

4

PRESUPUESTO MINI

TARTA FLAMBEADA

4 TORTILLAS DE TRIGO

4 CEBOLLAS

4 PETITS SUISSES

2 CUCHARADAS DE NATA FRESCA ESPESA

90 G DE CINTAS DE BEICON AHUMADO

... Y TAMBIÉN UNA PIZCA DE NUEZ MOSCADA, SAL Y PIMIENTA

1. Corta las cebollas en rodajas finas y dóralas en una sartén antiadherente hasta que estén traslúcidas.
2. Mezcla los petits suisses con la nata fresca y la nuez moscada. Condimenta y reparte la preparación en las tortillas.
3. Añade las cebollas y las cintas de beicon. Hornea las tartas durante unos 10 minutos a 180 °C.

Utiliza cintas de beicon con menos grasa.

10 MIN

15 MIN

4

PRESUPUESTO MEDIO

PIZZA FILO

4 HOJAS DE MASA FILO

4 TOMATES

4 CEBOLLETAS

2 BOLAS DE MOZZARELLA

60 G DE PARMESANO RALLADO

... Y TAMBIÉN YEMAS DE HUEVO (2) Y ALBAHACA (10 HOJAS)

1. Superpón las hojas de masa filo pinceladas con yema de huevo batido.
2. Corta los tomates y la mozzarella en rodajas, y las cebolletas en rodajas finas. Reparte todo en la última hoja de masa.
3. Espolvorea la pizza con parmesano y añade la albahaca. Hornéala durante 15 minutos a 180 °C.

Prepara esta receta en versión individual con hojas de masa brick.

VEGETARIANO

10 MIN

20 MIN

4

PRESUPUESTO MEDIO

PIZZA BLANCA

1 MASA PARA PIZZA

4 CUCHARADAS DE RICOTTA

1 CUCHARADA DE NATA LÍQUIDA 15 %

1 BOLA DE MOZZARELLA

200 G DE PECHUGA DE POLLO COCIDO

... Y TAMBIÉN UNA PIZCA DE PIMIENTA

1. Bate la ricotta con la nata líquida y una pizca de pimienta. Reparte la mezcla en la masa. Añade la mozzarella cortada en rodajas finas y el pollo cocido en trozos pequeños.
2. Coloca la pizza en una bandeja perforada y hornéala durante 20 minutos a 180 °C.

PIZZA
DE VERANO

10 MIN

20 MIN

4

PRESUPUESTO MINI

1 MASA PARA PIZZA

5 CUCHARADAS DE SALSA DE TOMATE

4 CEBOLLETAS

1 PIMIENTO NARANJA

1 CALABACÍN

... Y TAMBIÉN ALCAPARRAS (1 CUCHARADA), GRUYER RALLADO (30 G) Y ORÉGANO (2 PIZCAS)

1. Reparte la salsa de tomate sobre la masa. Añade las cebolletas cortadas en rodajas finas, el pimiento en tiras y el calabacín rallado. Agrega las alcaparras y esparce el gruyer y el orégano.
2. Coloca la pizza en una bandeja perforada y hornéala durante 20 minutos a 180 °C.

VEGETARIANO

10 MIN

10 MIN

4

PRESUPUESTO MINI

EGGS BOATS
DE BEICON Y QUESO

4 PANECILLOS

5 HUEVOS

100 G DE CINTAS DE BEICON

30 G DE QUESO RALLADO

1 CEBOLLA

3 TALLOS DE CEBOLLINO

1. Practica un corte en los panecillos y retira una parte de la miga. Fríe las cintas de beicon.
2. Bate los huevos con las cintas de beicon, el queso, la cebolla cortada en rodajas finas y el cebollino picado.
3. Reparte esta mezcla en los panecillos, condiméntalos y hornéalos durante unos 10 minutos a 180 °C.

EXPRÉS

HACGR

10 MIN

8 MIN

4

PRESUPUESTO MINI

SÁNDWICH NORMANDO

8 REBANADAS DE PAN DE MOLDE INTEGRAL

4 RODAJAS DE MANZANA

4 LONCHAS DE CAMEMBERT

15 G DE MANTEQUILLA

1. Dora las rodajas de manzana en una sartén antiadherente durante unos minutos.
2. Unta 4 rebanadas de pan con mantequilla. Reparte en ellas las rodajas de manzana y el camembert. Cubre con el resto de rebanadas de pan.
3. Calienta los sándwiches en una sartén durante unos minutos por lado.

VEGETARIANO

EXPRÉS

10 MIN

10 MIN

4

PRESUPUESTO MINI

FARFALLE A LA ITALIANA

150 G DE FARFALLE

220 G DE VERDURAS VARIADAS

60 G DE MOZZARELLA

1 DIENTE DE AJO

1 CUCHARADA DE ACEITE DE OLIVA

... Y TAMBIÉN UNA PIZCA DE SAL Y PIMIENTA

1. Cuece las verduras en una sartén antiadherente durante unos 10 minutos (remueve de vez en cuando).
2. Cuece la pasta en una cacerola con agua hirviendo con sal.
3. Añade la pasta a las verduras cocidas e incorpora el ajo chafado y el aceite. Condimenta y esparce la mozzarella cortada en dados.

Utiliza verduras variadas congeladas (tomates, calabacines, pimientos...).

VEGETARIANO

ÑOQUIS A LA SARTÉN AL ESTILO CANTONÉS

10 MIN

13 MIN

4

PRESUPUESTO MINI

600 G DE ÑOQUIS PARA DORAR

150 G DE DADOS DE JAMÓN

150 G DE GUISANTES COCIDOS

10 G DE MANTEQUILLA

1 CUCHARADA DE PEREJIL

... Y TAMBIÉN UNA PIZCA DE SAL Y PIMIENTA

1. Derrite la mantequilla en una sartén, añade los ñoquis y dóralos durante 10 minutos como máximo (dales la vuelta de vez en cuando). Salpimienta.
2. Añade el jamón, los guisantes y el perejil picado. Cuece a fuego lento durante unos minutos.

Utiliza guisantes congelados en vez de en conserva. Al ser más firmes, resisten mejor la cocción.

BATISTE

15 MIN

16 MIN

4

PRESUPUESTO
DE FIESTA

FIDEOS CHINOS CON PATO

200 G DE FIDEOS CHINOS

2 MAGRETS DE PATO

1 BRÓCOLI

2 ZANAHORIAS

50 G DE ANACARDOS

... Y TAMBIÉN VINAGRE BALSÁMICO (1 CUCHARADA), MIEL (2 CUCHARADAS) Y SALSA DE SOJA (4 CUCHARADAS)

1. Mezcla el vinagre balsámico con la miel y la salsa de soja en un cuenco. Cuece los cogollos de brócoli con las zanahorias cortadas en dados y los fideos en una cacerola con agua hirviendo durante 5 minutos.
2. Cocina los magrets en una sartén durante 5 minutos por el lado de la piel y 3 minutos por el lado de la carne. Desecha la piel y corta la carne en lonchas finas.
3. Pon las verduras en una sartén con el magret. Añade la salsa y los anacardos troceados. Mezcla y calienta durante 3 minutos.

10 MIN

15 MIN

4

PRESUPUESTO MINI

TALLARINES
VARIADOS

500 G DE TALLARINES

2 CALABACINES

150 G DE FETA

70 G DE NUECES PELADAS

1 LIMÓN

... Y TAMBIÉN ACEITE DE OLIVA (1 CUCHARADA), SAL Y PIMIENTA

1. Cuece la pasta al dente. Corta los calabacines en láminas con un pelador y cuécelos tapados en el microondas con 2 cucharadas de agua durante 4 minutos.
2. Vierte la pasta cocida en una sartén con el aceite. Añade el feta y las nueces. Mezcla e incorpora los calabacines y el zumo y la ralladura del limón. Rectifica la sazón y cuece a fuego lento durante 3 minutos.

Utiliza tallarines frescos. Puedes sustituir el feta por requesón.

VEGETARIANO

10 MIN

12 MIN

4

PRESUPUESTO MINI

TALLARINES VERDES CON BRÓCOLI

500 G DE TALLARINES VERDES

250 G DE BRÓCOLI

UN PUÑADO DE ESPINACAS

1 CUCHARADA DE NATA FRESCA ESPESA

40 G DE PARMESANO RALLADO

... Y TAMBIÉN UN POCO DE MANTEQUILLA (15 G), SAL Y PIMIENTA

1. Cuece la pasta al dente y los ramitos de brócoli. Cocina las espinacas en una sartén con la mantequilla durante 3 minutos sin dejar de remover.
2. Añade el brócoli y la nata fresca, y, a continuación, la pasta cocida y el parmesano. Condimenta y calienta a fuego lento.

Fuera de temporada, sustituye las espinacas frescas por espinacas troceadas congeladas.

VEGETARIANO

10 MIN

8 MIN

4

PRESUPUESTO MINI

LINGUINE CON PANCETA CURADA

500 G DE LINGUINE

12 LONCHAS DE PANCETA CURADA

50 G DE TOMATES SECOS

UN PUÑADO DE RÚCULA

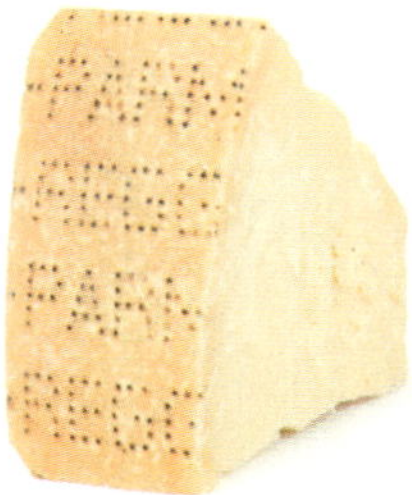

30 G DE PARMESANO

... Y TAMBIÉN ACEITE DE OLIVA (1 CUCHARADA), DIENTE DE AJO (1) Y SAL

1. Hierve la pasta al dente y, a continuación, ponla a fuego fuerte en una sartén con el aceite y el ajo chafado durante 1 minuto (remueve de vez en cuando).
2. Reparte la pasta en unos platos hondos. Añade los tomates y la panceta cortados en tiras y la rúcula. Esparce unas lascas de parmesano cortadas con un pelador y condimenta con sal.

EXPRÉS

5 MIN

15 MIN

4

PRESUPUESTO MINI

ONE PAN PASTA
CON ATÚN

250 G DE TALLARINES

150 G DE ATÚN AL NATURAL

1 CEBOLLA

150 G DE PULPA DE TOMATE

2 CUCHARADAS DE ALBAHACA

... Y TAMBIÉN UNA PIZCA DE SAL Y PIMIENTA

1. Desmenuza el atún en una cacerola grande. Corta la cebolla en rodajas finas y añádela junto con la pasta y la pulpa de tomate. Vierte 40 cl de agua, mezcla y lleva a ebullición.
2. Cuece durante 15 minutos a fuego lento. Condimenta y esparce la albahaca picada.

10 MIN

30 MIN

4

PRESUPUESTO MINI

PASTA CON BERENJENA Y GORGONZOLA

500 G DE TALLARINES

2 BERENJENAS

300 G DE GORGONZOLA

1 CUCHARADA DE PEREJIL PICADO

... Y TAMBIÉN ACEITE DE OLIVA (2 CUCHARADITAS) Y SAL

1. Cuece la pasta al dente. Corta las berenjenas en dados pequeños y dóralas en una sartén con el aceite. Añade un poco de agua y condimenta con sal. Tapa y cuece a fuego lento durante 20 minutos.
2. Incorpora la pasta cocida y, a continuación, el gorgonzola cortado en trozos. Esparce el perejil picado y calienta durante 3 minutos más a fuego lento.

PARA RECIBIR INVITADOS

20 MIN · 45 MIN · 6 · PRESUPUESTO MINI

CANELONES DE ESPINACAS Y RICOTTA

1 PAQUETE DE CANELONES

100 G DE ESPINACAS TROCEADAS

250 G DE RICOTTA

100 G DE PARMESANO RALLADO

25 CL DE TOMATE FRITO

... Y TAMBIÉN NATA FRESCA (10 CL), SAL Y PIMIENTA

1. Mezcla la ricotta con el parmesano y las espinacas. Salpimienta. Rellena los canelones con esta preparación y colócalos en una fuente refractaria.
2. Incorpora bien el tomate frito con la nata fresca y cubre los canelones con esta salsa. Hornea los canelones durante 45 minutos a 200 °C.

Utiliza placas precocidas para canelones y espinacas troceadas congeladas.

VEGETARIANO

LASAÑA
PROVENZAL

15 MIN · **30 MIN**

4 · **PRESUPUESTO MEDIO**

6 PLACAS PARA LASAÑA

600 G DE SOFRITO DE BERENJENA

150 G DE GRUYER RALLADO

15 CL DE LECHE DESNATADA

2 CUCHARADAS DE NATA FRESCA

1. Coloca una placa para lasaña en una fuente refractaria engrasada con aceite. Cubre con una capa de la mezcla a base de berenjenas y un poco de gruyer rallado. Repite la operación 4 veces y finaliza con una placa para lasaña y gruyer.
2. Bate la leche con la nata fresca. Vierte en la fuente y hornea durante 30 minutos a 180 °C.

Puedes sustituir la preparación a base de berenjenas por pisto o fritada de verduras.

VEGETARIANO

10 MIN

10 MIN

4

PRESUPUESTO MINI

ÑOQUIS
EXPRÉS CON NATA

1 PAQUETE DE ÑOQUIS

50 G DE ACEITUNAS NEGRAS

20 CL DE NATA LÍQUIDA 15 %

200 G DE PARMESANO RALLADO

1. Calienta la nata líquida a fuego lento y añade el parmesano poco a poco. Cuece los ñoquis en una cacerola con agua hirviendo durante 1 minuto.
2. Viértelos en una fuente refractaria. Agrega la nata líquida, las aceitunas sin hueso cortadas por la mitad y mezcla. Hornea durante 10 minutos a 220 °C.
3. Puedes incorporar gruyer o parmesano para gratinar.

Sirve los ñoquis con ensalada de rúcula.

EXPRÉS

PARA RECIBIR INVITADOS

10 MIN

20 MIN

4

PRESUPUESTO MINI

PASTA RELLENA DE ESPINACAS

500 G DE CONCHIGLIONI

500 G DE RICOTTA

300 G DE ESPINACAS TROCEADAS

2 CEBOLLAS

250 G DE TOMATE TRITURADO

... Y TAMBIÉN ACEITE DE OLIVA (1 CUCHARADA), PARMESANO RALLADO (1 CUCHARADA), SAL Y PIMIENTA

1. Cuece la pasta al dente. Mezcla la ricotta con las espinacas, sal y pimienta. Rellena la pasta con esta preparación.
2. Corta las cebollas en rodajas finas y dóralas con el aceite. Añade los tomates. Condimenta y cuece a fuego lento durante unos minutos.
3. Pon la pasta rellena en una fuente refractaria, cúbrela con el tomate triturado y espolvoréala con el parmesano. Hornéala durante 15 minutos a 210 °C.

PARA RECIBIR INVITADOS

10 MIN

15 MIN

4

PRESUPUESTO MINI

RISOTTO DE PASTA Y GUISANTES

300 G DE CODOS PEQUEÑOS

200 G DE CHAMPIÑONES EN CONSERVA

150 G DE GUISANTES COCIDOS

1 CHALOTA

60 CL DE CALDO DE POLLO

... Y TAMBIÉN ACEITE DE OLIVA (1 CUCHARADA), NATA DE SOJA (4 CUCHARADAS), PARMESANO RALLADO (2 CUCHARADAS), PEREJIL (1 CUCHARADA), SAL Y PIMIENTA

1. Corta la chalota en rodajas finas y dórala en una sartén con el aceite. Añade la pasta, remueve y vierte el caldo de pollo caliente.
2. Cuece durante unos 10 minutos a fuego lento (remueve de vez en cuando), hasta que se absorba el caldo.
3. Agrega los champiñones, los guisantes y la nata de soja. Esparce el parmesano y el perejil, y prosigue la cocción durante 3 minutos más.

Convierte esta receta en un plato vegetariano sustituyendo el caldo de pollo por caldo de verduras.

ESPECIAL NIÑOS

15 MIN · 30 MIN · 6 · PRESUPUESTO MEDIO

RISOTTO CON CHORIZO Y POLLO

250 G DE ARROZ ARBORIO

1 CHORIZO PICANTE

2 PECHUGAS DE POLLO

30 CL DE VINO BLANCO

1 L DE CALDO DE POLLO

... Y TAMBIÉN CEBOLLAS (2), ACEITE DE OLIVA (1 CUCHARADA), SAL Y PIMIENTA

1. Dora 1 cebolla picada con 1 cucharada de aceite. Añade el arroz y remueve hasta que se vea traslúcido. Agrega el vino blanco.
2. Cuando el vino se haya evaporado, vierte el caldo de pollo caliente a cucharones: se debe absorber entre cada cucharón. Condimenta y apaga el fuego.
3. Corta la segunda cebolla en rodajas finas y dórala con el resto de aceite. Retira la piel del chorizo, córtalo en rodajas y añádelo, junto con el pollo cortado en dados. Cuece durante 10 minutos. Incorpora al risotto y mezcla.

10 MIN

35 MIN

4

PRESUPUESTO MEDIO

MUSLOS DE POLLO CON VERDURAS

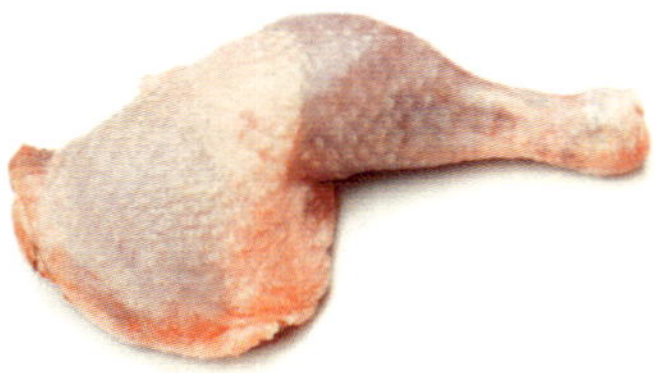

4 MUSLOS DE POLLO

1 CEBOLLA

1 PIMIENTO VERDE

1 BERENJENA

250 G DE PULPA DE TOMATE

... Y TAMBIÉN ACEITE DE OLIVA (1 CUCHARADA), RAMITO DE HIERBAS (1), SAL Y PIMIENTA

1. Dora el pollo en una cacerola con el aceite. Corta la cebolla en rodajas finas, añádela y remueve durante unos minutos. Agrega el pimiento en rodajas finas y la berenjena en dados.
2. Condimenta, incorpora el ramito de hierbas y vierte la pulpa de tomate. Cuece tapado durante unos 30 minutos más a fuego lento.

10 MIN

1 H 30

4

PRESUPUESTO MEDIO

POLLO ASADO AL AZAFRÁN

1 POLLO DE CORRAL

UNA PIZCA DE AZAFRÁN

1 LIMÓN

1 DIENTE DE AJO

1 PASTILLA DE CALDO DE POLLO

... Y TAMBIÉN ACEITE DE OLIVA (2 CUCHARADAS), SAL Y PIMIENTA

1. Mezcla el azafrán con el aceite. Rellena el pollo con el limón cortado en cuartos, el ajo chafado y la pastilla de caldo desmenuzada.
2. Pincela el pollo con aceite y colócalo en una fuente refractaria. Condiméntalo y hornéalo durante 1 hora 30 minutos a 180 °C.

PARA RECIBIR INVITADOS

10 MIN

35 MIN

4

PRESUPUESTO MEDIO

POLLO A LA VASCA

4 MUSLOS DE POLLO

4 CEBOLLAS

4 DIENTES DE AJO

3 PIMIENTOS ROJOS

6 TOMATES

... Y TAMBIÉN ACEITE DE OLIVA (3 CUCHARADAS), SAL Y PIMIENTA

1. Dora el pollo en una sartén con el aceite. Corta las cebollas en rodajas finas y añádelas junto con el ajo chafado y los pimientos cortados en trozos. Remueve durante unos minutos y condimenta.
2. Corta los tomates en trozos y agrégalos. Vierte 5 cl de agua y cuece tapado a fuego lento durante unos 30 minutos.
3. Al final de la cocción, puedes incorporar unas tiras de jamón serrano y esparcir un poco de perejil picado.

10 MIN

25 MIN

4

PRESUPUESTO MEDIO

SARTENADA DE POLLO CON CALABACÍN Y TOMATE

4 PECHUGAS DE POLLO

3 CALABACINES

1 CUCHARADITA DE PIMENTÓN

6 TOMATES EN RAMA

1 RAMITA DE ROMERO

... Y TAMBIÉN ACEITE DE OLIVA (2 CUCHARADAS), SAL Y PIMIENTA

1. Corta el pollo en trozos y espolvoréalo con el pimentón. Cuécelo en una sartén con 1 cucharada de aceite durante 10 minutos.
2. Corta los calabacines en trozos y dóralos en una sartén con el resto de aceite durante unos 10 minutos (remueve de vez en cuando).
3. Añade el pollo, los tomates cortados por la mitad y el romero. Condimenta, tapa y prosigue la cocción durante 5 minutos más a fuego lento.

10 MIN

1 H

4

PRESUPUESTO MEDIO

PINTADA CON CIRUELAS PASAS

1 PINTADA DE CORRAL

15 CIRUELAS PASAS SIN HUESO

10 CL DE VINO BLANCO

2 CUCHARADAS DE ACEITE DE OLIVA

... Y TAMBIÉN UNA PIZCA DE SAL Y PIMIENTA

1. Rellena la pintada con las ciruelas pasas. Colócala en una fuente refractaria, pincélala con aceite y condiméntala. Hornéala durante 30 minutos a 210 °C.
2. Vierte el vino blanco, añade un poco de agua y prosigue la cocción durante 30 minutos más (rocía la carne de vez en cuando con el jugo de la cocción). Si te sobran ciruelas pasas, repártelas alrededor de la pintada.

15 MIN

45 MIN

4

PRESUPUESTO MEDIO

POLLO
AL VINAGRE

1 POLLO DE CORRAL

5 CL DE VINAGRE BLANCO

5 CUCHARADAS DE MOSTAZA

2 CUCHARADAS DE TOMATE CONCENTRADO

100 G DE NATA LÍQUIDA

... Y TAMBIÉN UNA PIZCA DE SAL Y PIMIENTA

1. Mezcla el vinagre con la mostaza, el tomate concentrado, 5 cl de agua y la nata líquida en un cuenco. Condimenta.
2. Añade el pollo cortado en trozos e incorpora todo bien. Pon todo en una fuente refractaria y hornea durante 45 minutos a 200 °C.

5 MIN

20 MIN

4

PRESUPUESTO MEDIO

POLLO DORADO CON MIEL

750 G DE POLLO

4 DIENTES DE AJO

4 CUCHARADAS DE ACEITE DE GIRASOL

2 CUCHARADAS DE MIEL

2 CUCHARADAS DE SALSA DE SOJA

... Y TAMBIÉN CILANTRO MOLIDO (2 CUCHARADAS), SAL Y PIMIENTA

1. Chafa el ajo. Mezcla el aceite con la miel, la salsa de soja, el cilantro, sal, pimienta y 4 cucharadas de agua, hasta que obtengas una salsa homogénea.
2. Vierte la salsa sobre el pollo y deja marinar durante 15 minutos. Cuece todo de 15 a 20 minutos en una sartén a fuego medio.

Puedes utilizar muslitos o alitas de pollo.

15 MIN

1 H 10

4

PRESUPUESTO MEDIO

POLLO ASADO A LA PROVENZAL

1 POLLO DE CORRAL

1 CEBOLLA

2 CALABACINES

1 BERENJENA

1 PIMIENTO NARANJA

4 TOMATES EN RAMA

1. Corta la cebolla, los calabacines, la berenjena y el pimiento en trozos, y dóralos en una cacerola con aceite (remueve de vez en cuando). Condimenta y pon todo en una fuente refractaria.
2. Coloca el pollo sobre las verduras. Vierte 15 cl de agua y añade los tomates cortados por la mitad y el ajo chafado. Hornea durante 1 hora más o menos a 210 °C.

10 MIN

40 MIN

4

PRESUPUESTO MEDIO

TAJÍN DE POLLO CON OREJONES DE ALBARICOQUE

4 PECHUGAS DE POLLO

10 OREJONES DE ALBARICOQUE

2 CUCHARADAS DE PISTACHOS

4 CEBOLLAS

1 CUCHARADITA DE RAS EL HANUT

... Y TAMBIÉN ACEITE DE OLIVA (1 CUCHARADA), SAL Y PIMIENTA

1. Corta las cebollas en rodajas finas y dóralas en una cacerola con el aceite. Añade el pollo cortado en trozos y dóralo.
2. Agrega el ras el hanut. Condimenta y cuece tapado durante 10 minutos a fuego lento.
3. Vierte agua hasta que cubra la carne y prosigue la cocción durante 20 minutos más. Incorpora los orejones de albaricoque y los pistachos sin la cáscara. Cuece 10 minutos más a fuego lento.

Si utilizas albaricoques frescos, añádelos en el último momento para que no queden reducidos a una compota.

PARA RECIBIR INVITADOS

10 MIN

8 MIN

4

PRESUPUESTO MINI

BROCHETAS DE POLLO YAKITORI

3 PECHUGAS DE POLLO

½ DIENTE DE AJO

1 CUCHARADITA DE JENGIBRE

15 G DE AZÚCAR MORENO

5 CL DE VINAGRE BALSÁMICO

5 CL DE SALSA DE SOJA

1. Chafa el ajo y ralla el jengibre. Prepara una marinada con todos los ingredientes. Añade el pollo cortado en trozos y reserva durante al menos 1 hora.
2. Ensarta el pollo en unas brochetas de madera y ásalas bajo el grill durante 8 minutos (rocíalas de vez en cuando con la marinada).

También puedes preparar estas brochetas a la barbacoa.

PARA RECIBIR INVITADOS

10 MIN

10 MIN

4

PRESUPUESTO MINI

POLLO CON SALSA DE SOJA DULCE

500 G DE FILETES DE POLLO

2 CUCHARADAS DE SALSA DE SOJA

1 CUCHARADA DE ACEITE DE OLIVA

1 CUCHARADITA DE AJO MOLIDO

1 MANOJO DE CILANTRO

... Y TAMBIÉN UNA PIZCA DE PIMIENTA

1. Mezcla la salsa de soja con el aceite, el ajo y el cilantro picado. Condimenta con pimienta. Deja marinar los filetes de pollo en la salsa anterior durante más o menos 1 hora.
2. Cuece la carne en una sartén caliente con la marinada durante 10 minutos (dale la vuelta de vez en cuando).
3. Si la salsa de soja se carameliza demasiado, añade agua caliente para diluir. Sirve el pollo acompañado de arroz basmati.

Utiliza salsa de soja dulce. Puedes sustituir los filetes de pollo por filetes de pavo, si lo deseas.

15 MIN · 15 MIN · 4 · PRESUPUESTO MEDIO

POLLO
AL CURRI CON LECHE DE COCO

4 PECHUGAS DE POLLO

40 CL DE LECHE DE COCO

250 G DE TOMATE TRITURADO

1 CUCHARADA DE ACEITE DE OLIVA

1 CUCHARADA DE CURRI

1. Corta el pollo en trozos y dóralo en una cacerola con el aceite.
2. Añade la leche de coco, los tomates y el curri. Cuece durante 15 minutos a fuego lento.

También puedes agregar una manzana cortada en trozos pequeños.

LIGHT

10 MIN

45 MIN

4

PRESUPUESTO MEDIO

POLLO AL LIMÓN CON ACEITUNAS

1 POLLO DE CORRAL

2 LIMONES

2 CEBOLLAS

50 G DE ACEITUNAS VERDES

1 CUCHARADA DE RAS EL HANUT

... Y TAMBIÉN ACEITE DE OLIVA (1 CUCHARADA) Y PASTILLA DE CALDO DE POLLO (1)

1. Corta el pollo en trozos y las cebollas en rodajas finas. Dora todo en una sartén con el aceite.
2. Añade el zumo de los limones, las aceitunas escurridas, el ras el hanut y la pastilla de caldo. Cubre con agua y cuece tapado durante 40 minutos a fuego lento.
3. Sirve el pollo con unas cuñas de limón.

10 MIN

30 MIN

4

PRESUPUESTO MEDIO

PINTADA CON CEREZAS AL OPORTO

4 PECHUGAS DE PINTADA

400 G DE CEREZAS

5 CL DE OPORTO

2 CUCHARADAS DE ACEITE DE OLIVA

… Y TAMBIÉN UNA PIZCA DE SAL Y PIMIENTA

1. Condimenta la carne y dórala en una sartén con el aceite durante unos 15 minutos.
2. Incorpora las cerezas sin hueso y prosigue la cocción durante 15 minutos. Rocía con el oporto y lleva a ebullición durante unos instantes.

Fuera de temporada, puedes utilizar cerezas en almíbar.

PARA RECIBIR INVITADOS

PAVO SALTEADO CON SETAS

15 MIN
10 MIN
4
PRESUPUESTO MINI

600 G DE FILETE DE PAVO

300 G DE SETAS

2 CEBOLLAS

1 CUCHARADA DE PEREJIL

20 CL DE NATA LÍQUIDA

... Y TAMBIÉN MANTEQUILLA (20 G), SAL Y PIMIENTA

1. Corta las cebollas en rodajas finas y dóralas con la mantequilla. Añade el pavo cortado en trozos, condimenta y prosigue la cocción durante 5 minutos más.
2. Corta las setas en láminas y agrégalas junto con el perejil picado. Cocina durante 3 minutos a fuego lento. Vierte la nata líquida y cocina 2 minutos más a fuego lento.

Utiliza una mezcla de setas variadas.

LIGHT

10 MIN

15 MIN

4

PRESUPUESTO MEDIO

ROLLOS
DE PAVO CON BEICON

4 ESCALOPAS DE PAVO

4 LONCHAS DE BEICON AHUMADO

4 LONCHAS DE EDAM

1 CEBOLLA

5 CL DE CERVEZA RUBIA

... Y TAMBIÉN MANTEQUILLA (15 G) Y PIMIENTA

1. Corta la cebolla en rodajas finas y dórala en una sartén con la mantequilla.
2. Coloca una loncha de beicon y una de edam sobre cada escalopa. Enróllalas y sujétalas con un palillo de madera.
3. Cocina las escalopas en la sartén tapada durante 10 minutos. Condimenta con pimienta, rocía con la cerveza y prosigue la cocción durante 5 minutos más.

Utiliza escalopas de pavo y lonchas de beicon muy finas.

10 MIN

6 MIN

4

PRESUPUESTO MINI

PAVO SALTEADO CON MOSTAZA A LA ANTIGUA

600 G DE FILETE DE PAVO

1 CEBOLLA

5 CL DE VINO BLANCO SECO

2 CUCHARADAS DE MOSTAZA A LA ANTIGUA

20 CL DE NATA LÍQUIDA 15 %

... Y TAMBIÉN MANTEQUILLA (20 G), CEBOLLINO (2 CUCHARADAS), SAL Y PIMIENTA

1. Corta la cebolla en rodajas finas y dórala en una sartén con la mantequilla. Añade el pavo cortado en trozos y cocina durante 4 minutos a fuego fuerte (remueve de vez en cuando). Condimenta y reserva en un plato.
2. Desglasa la sartén con el vino blanco. Agrega la mostaza a la antigua y la nata líquida. Deja que espese durante 1 minuto a fuego medio.
3. Pon de nuevo la carne y las cebollas en la sartén, y cuece durante unos minutos a fuego lento (remueve de vez en cuando). Esparce por último el cebollino picado.

CURRI DE PAVO CON DÁTILES

10 MIN

25 MIN

4

PRESUPUESTO MINI

4 ESCALOPAS DE PAVO

10 DÁTILES

1 CUCHARADITA DE CURRI

1 CUCHARADA DE ACEITE DE OLIVA

20 CL DE LECHE DE COCO

1 CUCHARADITA DE JENGIBRE MOLIDO

1. Corta las escalopas en trozos y dóralas en una sartén con el aceite y el curri.
2. Añade la leche de coco, los dátiles sin hueso cortados en tres trozos y el jengibre. Cocina tapado durante 20 minutos a fuego lento.

¡RECETA GUAU!

10 MIN

40 MIN

4

PRESUPUESTO MINI

OSOBUCO DE PAVO

800 G DE FILETE DE PAVO

8 ZANAHORIAS

1 LIMÓN

4 CUCHARADAS DE TOMATE CONCENTRADO

1 CUCHARADA DE ORÉGANO

... Y TAMBIÉN ACEITE DE OLIVA (1 CUCHARADA), SAL Y PIMIENTA

1. Corta el pavo en trozos y dóralo en una cacerola con el aceite. Condimenta. Añade las zanahorias cortadas en rodajas y el zumo y la ralladura del limón.
2. Vierte el tomate concentrado diluido con 50 cl de agua y esparce el orégano. Cuece tapado durante 40 minutos a fuego lento.

10 MIN

45 MIN

4

PRESUPUESTO MINI

REDONDO DE PAVO CON MANZANAS

1 REDONDO DE PAVO

3 MANZANAS

3 CEBOLLAS

10 CL DE SIDRA

... Y TAMBIÉN UNA PIZCA DE SAL Y PIMIENTA

1. Asa la carne en el horno durante 15 minutos a 210 °C.
2. Corta las manzanas en cuartos y las cebollas en rodajas finas, y repártelas alrededor del asado. Rocía con sidra y condimenta. Tapa y prosigue la cocción durante 40 minutos más.

10 MIN

35 MIN

4

PRESUPUESTO DE FIESTA

CODORNICES CON PASAS

4 CODORNICES

4 LONCHAS DE JAMÓN SERRANO

50 G DE PASAS

10 CL DE OPORTO

2 CUCHARADAS DE ACEITE DE OLIVA

... Y TAMBIÉN TOMILLO (1 RAMITA), SAL Y PIMIENTA

1. Enrolla las codornices con jamón serrano y dóralas en una sartén con el aceite.
2. Condimenta, esparce el tomillo y cocina tapado durante 20 minutos a fuego lento.
3. Vierte el oporto, añade las pasas y prosigue la cocción durante unos 10 minutos más sin tapar.

PARA RECIBIR INVITADOS

10 MIN

20 MIN

4

PRESUPUESTO DE FIESTA

PAPILLOTES DE PATO AL MELOCOTÓN

2 MAGRETS DE PATO

4 MITADES DE MELOCOTÓN

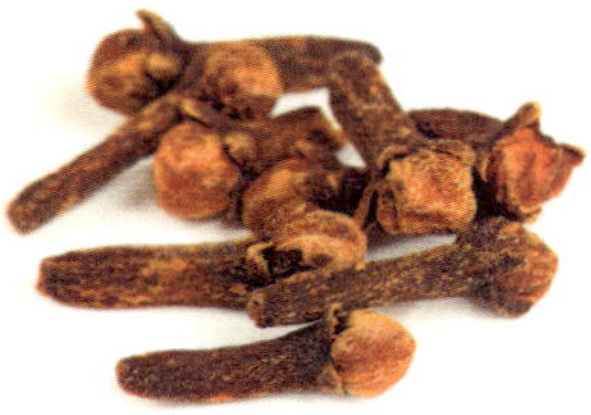

8 CLAVOS

15 CL DE ZUMO DE NARANJA

5 CL DE PORTO

... Y TAMBIÉN UNA PIZCA DE SAL Y PIMIENTA

1. Recorta 4 rectángulos de papel sulfurizado. Reparte de manera alternada el pato y las porciones de melocotón cortadas en rodajas.
2. Añade 2 clavos por papillote y rocía con el zumo de naranja y el oporto. Cierra los papillotes y hornea durante 20 minutos a 180 °C.

Utiliza melocotones en almíbar para ahorrar tiempo.

PARA RECIBIR INVITADOS

10 MIN

7 MIN

4

PRESUPUESTO DE FIESTA

PATO
A LA PIÑA

12 SOLOMILLOS DE PATO

½ PIÑA

5 CUCHARADITAS DE QUESO CREMA

3 CUCHARADAS DE ZUMO DE PIÑA

15 G DE MANTEQUILLA

... Y TAMBIÉN UNA PIZCA DE SAL Y PIMIENTA

1. Bate el queso con el zumo de piña. Dora los solomillos en una sartén con la mantequilla durante 15 minutos.
2. Añade la piña cortada en dados y prosigue la cocción durante 2 minutos más.
3. Vierte la salsa de queso, condimenta y cuece unos minutos más.

EXPRÉS

10 MIN

15 MIN

4

PRESUPUESTO DE FIESTA

SOLOMILLOS DE PATO A LA NARANJA

12 SOLOMILLOS DE PATO

3 NARANJAS

8 ENDIBIAS

1 CUCHARADITA DE MERMELADA DE NARANJA

10 G DE MANTEQUILLA

... Y TAMBIÉN UNA PIZCA DE SAL Y PIMIENTA

1. Marca los solomillos de pato en una sartén. Diluye la mermelada en 5 cl de agua y añádela. Mezcla y cuece 5 minutos más.
2. Corta las endibias por la mitad y ponlas en una sartén con el zumo de las naranjas y la mantequilla.
3. Cuécelas tapadas durante unos 10 minutos, hasta que estén tiernas. Añade los solomillos de pato y condimenta.

HAMBURGUESAS CON AGUACATE

15 MIN

10 MIN

4

PRESUPUESTO MEDIO

4 PANECILLOS PARA HAMBURGUESAS

600 G DE CARNE PICADA DE TERNERA

4 LONCHAS DE BEICON

1 AGUACATE

½ LIMÓN

2 CUCHARADAS DE MAYONESA

1. Divide la carne de ternera en cuatro porciones iguales. Tritura el aguacate con el zumo del limón y la mayonesa. Salpimienta.
2. Cuece las hamburguesas y el beicon en una sartén antiadherente de 5 a 7 minutos. Unta los panecillos con la mezcla a base de aguacate y añade las hamburguesas y el beicon.

Elige un aguacate que esté bien maduro.

15 MIN

20 MIN

4

PRESUPUESTO MINI

CALABACINES RELLENOS

8 CALABACINES REDONDOS

600 G DE CARNE PICADA

1 CEBOLLA

1 DIENTE DE AJO

100 G DE PIÑONES

... Y TAMBIÉN ACEITE DE OLIVA (1 CUCHARADA), RAS EL HANUT (1 CUCHARADITA), SAL Y PIMIENTA

1. Corta la parte superior de los calabacines y vacíalos con una cuchara vaciadora. Tritura la carne de los calabacines y cuécela con el aceite, la cebolla y el ajo picados, la carne picada y condimentada, el ras el hanut y los piñones.
2. Rellena los calabacines con la mezcla anterior y coloca de nuevo la parte superior. Cuécelos en una cacerola con un poco de agua a fuego medio durante 20 minutos.

LIGHT

10 MIN

30 MIN

4

PRESUPUESTO MINI

TERNERA PICADA CON ZANAHORIAS Y COMINO

250 G DE CARNE DE TERNERA PICADA

700 G DE ZANAHORIAS

6 CEBOLLETAS

1 CUCHARADITA DE COMINO

2 CUCHARADAS DE CILANTRO

… Y TAMBIÉN ACEITE DE OLIVA (1 CUCHARADA), SAL Y PIMIENTA

1. Corta las cebolletas en rodajas finas y dóralas con el aceite. Añade las zanahorias cortadas en dados y el comino, y mezcla.
2. Vierte 10 cl de agua, condimenta y cuece tapado durante unos 25 minutos a fuego lento.
3. Cocina la carne picada en una sartén antiadherente durante unos 10 minutos (remueve de vez en cuando). Incorpórala a continuación a la preparación anterior. Condimenta y esparce el cilantro picado.

10 MIN

20 MIN

4

PRESUPUESTO MINI

ALBÓNDIGAS DE TERNERA CON CILANTRO

500 G DE CARNE DE TERNERA PICADA

500 G DE PURÉ DE TOMATE

1 CEBOLLA

2 CUCHARADAS DE CILANTRO

2 CUCHARADITAS DE ACEITE DE OLIVA

... Y TAMBIÉN UNA PIZCA DE SAL Y PIMIENTA

1. Mezcla la carne con la cebolla cortada en rodajas finas y el cilantro picado. Condimenta y forma albóndigas con las palmas de las manos.
2. Dora las albóndigas en una sartén con el aceite caliente durante unos minutos (dales la vuelta de vez en cuando).
3. Vierte el puré de tomate y mezcla. Cocina tapado a fuego muy lento durante 20 minutos.

15 MIN

30 MIN

6

PRESUPUESTO MEDIO

CHILE *LIGHT* Y FÁCIL

600 G DE CARNE PICADA

1 CEBOLLA

1 LATA PEQUEÑA DE JUDÍAS VERDES

1 LATA GRANDE DE TOMATE TRITURADO

1 LATA PEQUEÑA DE ALUBIAS ROJAS

... Y TAMBIÉN ACEITE DE OLIVA (1 CUCHARADA), SALSA DE CHILE (1 CUCHARADA) Y SAL

1. Corta la cebolla en rodajas finas y dórala junto con la carne picada en una sartén con el aceite y una pizca de sal.
2. Añade las judías verdes, los tomates y la salsa de chile. Cuece durante 20 minutos a fuego medio (remueve de vez en cuando).
3. Agrega las alubias rojas y cuece 10 minutos más.

Utiliza carne picada con un 5 % de materia grasa.

LIGHT

15 MIN

30 MIN

4

PRESUPUESTO MEDIO

CUSCÚS DE ALBÓNDIGAS EXPRÉS

1 KG DE VERDURAS VARIADAS

500 G DE CARNE PICADA DE TERNERA

1 CEBOLLA

1 PASTILLA DE CALDO DE TERNERA

2 CUCHARADAS DE RAS EL HANUT

... Y TAMBIÉN MIGA DE PAN (50 G), LECHE (50 CL), MENTA (1 CUCHARADA), ESPECIAS KEFTA (1 CUCHARADITA) Y ACEITE DE OLIVA (1 CUCHARADA)

1. Pon las verduras en una cacerola. Cúbrelas con agua, añade la pastilla de caldo y el ras el hanut. Lleva a ebullición y cuece tapado durante 25 minutos.
2. Mezcla la carne picada con la cebolla cortada en rodajas finas, la miga de pan remojada en la leche, la menta picada y las especias kefta. Forma las albóndigas y cocínalas en una sartén con el aceite durante 5 minutos.
3. Reparte las albóndigas sobre las verduras y prosigue la cocción durante 5 minutos más.

Utiliza una mezcla de verduras variadas congeladas para cuscús (calabacines, zanahorias, nabos, apio, pimientos, garbanzos).

15 MIN

35 MIN

4

PRESUPUESTO MEDIO

VERDURAS RELLENAS A LA MARROQUÍ

4 CALABACINES REDONDOS

250 G DE CARNE PICADA

1 PIMIENTO

1 HUEVO

300 G DE SALSA DE TOMATE

... Y TAMBIÉN 1 CEBOLLA, PEREJIL (1 CUCHARADA), SAL Y PIMIENTA

1. Corta la parte superior de los calabacines y vacíalos con una cuchara vaciadora. Reserva la carne.
2. Corta la cebolla en rodajas finas y el pimiento en tiras, y caliéntalos en una sartén antiadherente junto con la carne picada durante unos 10 minutos (remueve de vez en cuando). Deja que se enfríe. Añade el huevo y el perejil picado. Condimenta y mezcla. Rellena los calabacines y coloca de nuevo la parte superior.
3. Pon los calabacines rellenos en una fuente refractaria con un poco de agua. Corta la carne de los calabacines en dados, mézclala con la salsa de tomate y viértela en la fuente. Hornea durante 25 minutos a 180 °C.

15 MIN

2 H 40

4

PRESUPUESTO MEDIO

CARBONADA
DE BUEY CON CERVEZA Y PAN DE ESPECIAS

1 KG DE CODILLO DE BUEY

75 CL DE CERVEZA BELGA

2 CEBOLLAS

3 REBANADAS DE PAN DE ESPECIAS

3 CUCHARADAS DE MOSTAZA

... Y TAMBIÉN MANTEQUILLA (25 G), HARINA (1 O 2 CUCHARADAS), SAL Y PIMIENTA

1. Corta las cebollas en rodajas finas y dóralas en una cacerola con la mantequilla. Añade la carne cortada en trozos y ve dándole la vuelta hasta que se dore.
2. Espolvorea con la harina, remueve y añade la cerveza. Lleva a ebullición.
3. Unta las rebanadas de pan de especias con mostaza y colócalas sobre la carne. Cocina tapado a fuego muy lento durante 2 h 30 (remueve de vez en cuando).

PARA RECIBIR INVITADOS

¡RECETA GUAU!

STAUB

10 MIN

30 MIN

4

PRESUPUESTO DE FIESTA

TOURNEDÓS CON CEBOLLAS

4 TOURNEDÓS DE TERNERA

6 CEBOLLAS

20 G DE MANTEQUILLA

15 CL DE VINAGRE BALSÁMICO

... Y TAMBIÉN UNA PIZCA DE SAL Y PIMIENTA

1. Corta las cebollas en rodajas finas y dóralas en una cacerola con la mantequilla durante unos 25 minutos. Reduce el vinagre balsámico en un cazo hasta la mitad.
2. Cuece los tournedós en una sartén antiadherente de 3 a 5 minutos por lado.
3. Reparte una base de cebolla en los platos y añade los tournedós. Condimenta y rocía con la reducción de vinagre balsámico.

10 MIN

12 MIN

4

PRESUPUESTO MEDIO

ENTRAÑA
CON CHALOTAS

4 CORTES DE ENTRAÑA

10 CHALOTAS

15 CL DE VINO BLANCO SECO

2 CUCHARADAS DE CEBOLLINO

1 CUCHARADITA DE ACEITE DE OLIVA

... Y TAMBIÉN UNA PIZCA DE SAL Y PIMIENTA

1. Tritura las chalotas y dóralas en una cacerola con el aceite. Añade el vino blanco y prosigue la cocción durante 3 minutos más. Condimenta.
2. Cocina los cortes de entraña durante 3 minutos por lado. Colócalos sobre una base de chalota en una bandeja y esparce el cebollino picado.

EXPRÉS

10 MIN

18 MIN

4

PRESUPUESTO MEDIO

TERNERA MECHADA AL ROQUEFORT

4 CORTES DE TERNERA MECHADA

100 G DE ROQUEFORT

80 G DE LECHE CONCENTRADA SIN AZÚCAR

20 G DE MANTEQUILLA

... Y TAMBIÉN UNA PIZCA DE SAL Y PIMIENTA

1. Chafa el roquefort con el tenedor y mézclalo con la leche concentrada.
2. Condimenta la carne y dórala durante unos 10 minutos en una sartén con la mantequilla.
3. Añade la preparación de roquefort y cocina tapado durante 8 minutos a fuego muy lento.

10 MIN · 25 MIN · 4 · PRESUPUESTO MEDIO

BABILLA
DE TERNERA CON ZANAHORIAS Y MIEL

700 G DE BABILLA DE TERNERA

10 ZANAHORIAS

10 CEBOLLETAS

1 CUCHARADA DE MIEL

UNA PIZCA DE JENGIBRE

... Y TAMBIÉN MANTEQUILLA (20 G), SAL Y PIMIENTA

1. Corta las zanahorias en bastones y las cebolletas en rodajas finas, y colócalas en una cacerola. Cúbrelas con agua a media altura y condimenta.
2. Cuece tapado durante 25 minutos a fuego lento. Añade la miel y el jengibre, y mezcla.
3. Dora la ternera en una sartén con la mantequilla durante 10 minutos (dale la vuelta de vez en cuando). Córtala en rodajas antes de servir y acompáñala con la mezcla de zanahorias y cebolletas.

LIGHT

10 MIN

15 MIN

4

PRESUPUESTO MEDIO

TERNERA A LA NORMANDA

4 ESCALOPAS DE TERNERA

200 G DE CHAMPIÑONES

15 G DE MANTEQUILLA

10 CL DE SIDRA BRUT

20 CL DE NATA LÍQUIDA 15 %

... Y TAMBIÉN UNA PIZCA DE SAL Y PIMIENTA

1. Derrite la mantequilla en una sartén y cocina las escalopas durante 5 minutos por lado a fuego lento. Resérvalas en un plato.
2. Corta los champiñones por la mitad, ponlos en la sartén y remueve. Desglasa con la sidra y reduce hasta la mitad a fuego lento.
3. Vierte la nata líquida, condimenta y añade las escalopas. Calienta durante unos minutos.

10 MIN

15 MIN

4

PRESUPUESTO MEDIO

ESCALOPAS DE TERNERA CON COSTRA DE ESPECIAS

4 ESCALOPAS DE TERNERA

2 CUCHARADAS DE MAYONESA

2 CUCHARADAS DE COMINO

2 CUCHARADAS DE CANELA

... Y TAMBIÉN UNA PIZCA DE SAL Y PIMIENTA

1. Pincela las escalopas con mayonesa. Mezcla las especias en un plato y cubre con ellas la carne.
2. Salpimienta y coloca las escalopas en una bandeja forrada con papel sulfurizado. Hornéalas durante unos 15 minutos a 210 °C.

También puedes utilizar una mezcla de especias ya preparada.

¡RECETA GUAU!

20 MIN

45 MIN

4

PRESUPUESTO MEDIO

SOLOMILLO AL LIMÓN

1 SOLOMILLO DE TERNERA

300 G DE CHAMPIÑONES

100 G DE CHALOTAS

200 G DE NATA FRESCA

1 LIMÓN

... Y TAMBIÉN ACEITE DE OLIVA (1 CUCHARADA) Y PERIFOLLO (UNA RAMITA)

1. Corta el solomillo en 8 medallones y dóralos en una sartén con el aceite.
2. Añade los champiñones cortados en láminas, y las chalotas y el perifollo picados. Cocina tapado a fuego lento durante 45 minutos.
3. Mezcla el zumo del limón con la nata fresca. Vierte esta salsa en la sartén unos minutos antes de finalizar la cocción.

PARA RECIBIR INVITADOS

15 MIN

1 H

4

PRESUPUESTO MEDIO

CONEJO A LA MOSTAZA

1 CONEJO ENTERO

3 CUCHARADAS DE MOSTAZA A LA ANTIGUA

50 CL DE VINO BLANCO SECO

1 DIENTE DE AJO

1 CHALOTA

... Y TAMBIÉN ACEITE DE OLIVA (2 CUCHARADAS), LAUREL (1 HOJA), TOMILLO (1 RAMITA), SAL Y PIMIENTA

1. Corta el conejo en trozos y pincélalo con la mostaza. Dóralo en una cacerola con el aceite.
2. Lleva a ebullición el vino blanco con el ajo picado, el laurel y el tomillo.
3. Vierte el vino sobre el conejo, salpimienta y añade la chalota picada. Cuece durante 1 hora a fuego lento.

Pide que te corten el conejo en la carnicería.

STAUB

15 MIN

30 MIN

6

PRESUPUESTO MEDIO

CONEJO CON CIRUELAS PASAS

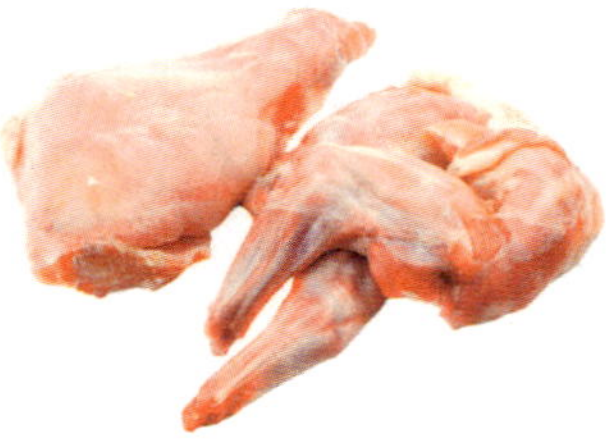

4 TROZOS DE CONEJO

300 G DE CIRUELAS PASAS

1 CEBOLLA

2 DIENTES DE AJO

40 CL DE VINO TINTO

... Y TAMBIÉN ROMERO (1 RAMITA), SAL Y PIMIENTA

1. Salpimienta el conejo y dóralo en una cacerola con el aceite, la cebolla cortada en rodajas finas y el ajo picado.
2. Añade las ciruelas pasas, el vino tinto, el romero y 20 cl de agua. Cocina tapado durante 30 minutos. Destapa al final de la cocción para que reduzca la salsa.
3. Si lo deseas, puedes incorporar una zanahoria cortada en rodajas y champiñones en láminas.

15 MIN

1 H

4

PRESUPUESTO MEDIO

CONEJO
AL VINO BLANCO

1 CONEJO ENTERO

150 G DE BEICON AHUMADO

75 CL DE VINO BLANCO SECO

1 CEBOLLA

50 G DE MANTEQUILLA

... Y TAMBIÉN PEREJIL (1 RAMITA), TOMILLO (1 RAMITA) Y HARINA (2 CUCHARADAS)

1. El día anterior, corta el conejo en trozos y déjalo marinar con el vino blanco, la cebolla y el perejil picados, y el tomillo deshojado.
2. El mismo día, cuela la marinada. Derrite la mantequilla en una cacerola, añade la harina y diluye poco a poco con la marinada.
3. Coloca el conejo con el beicon cortado en dados en una fuente refractaria. Cubre con el roux y hornea durante 1 hora a 180 °C.

Pide que te corten el conejo en la carnicería.

5 MIN

1 H 30

4

PRESUPUESTO MEDIO

PALETILLA DE CERDO AL ALBARICOQUE

1,5 KG DE PALETILLA DE CERDO

180 G DE CONFITURA DE ALBARICOQUE

20 CL DE LECHE DE COCO

1 CUCHARADITA DE PIMENTÓN DULCE

1. El día anterior, pon la carne en una bolsa de congelación con todos los ingredientes. Cierra la bolsa y aplástala un poco con las manos para que la marinada se reparta bien. Reserva durante 12 horas en la nevera.
2. El mismo día, coloca la carne con la marinada en una fuente refractaria. Hornea durante 1 hora 30 minutos a 180 °C y rocía la carne de vez en cuando con el jugo de la cocción.

PARA RECIBIR INVITADOS

10 MIN

15 MIN

4

PRESUPUESTO MINI

COSTILLAS DE CERDO CON MIEL

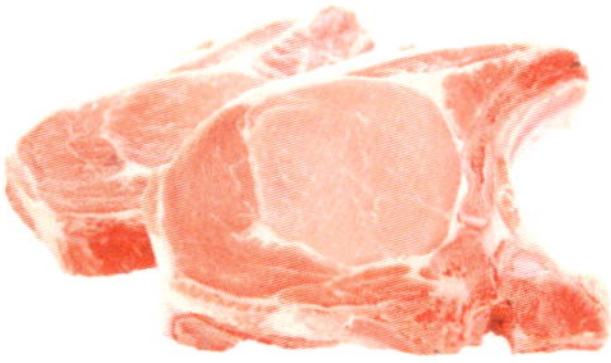

4 COSTILLAS DE CERDO

5 CUCHARADAS DE MIEL

2 CUCHARADAS DE SALSA DE SOJA

1. Mezcla 3 cucharadas de miel con la salsa de soja. Cubre las costillas de cerdo con esta salsa. Colócalas en una fuente y déjalas marinar 2 o 3 horas.
2. Cocina la carne durante 15 minutos en una sartén con la marinada. A media cocción, añade el resto de la miel y deja que se caramelice.

También puedes preparar esta receta colocando las costillas en la grasera del horno en posición grill.

15 MIN

30 MIN

4

PRESUPUESTO MEDIO

SOLOMILLO AL ROQUEFORT

600 G DE SOLOMILLO DE CERDO

150 G DE ROQUEFORT

3 CUCHARADAS DE NATA FRESCA ESPESA

1 CUCHARADITA DE MOSTAZA

... Y TAMBIÉN ALGUNAS ALMENDRAS LAMINADAS TOSTADAS Y UNA PIZCA DE SAL Y PIMIENTA

1. Dora el solomillo en una sartén antiadherente. Colócalo, a continuación, en un rectángulo grande de papel de aluminio.
2. Chafa el roquefort con un tenedor y mézclalo con la nata fresca y la mostaza. Cubre la carne con esta mezcla y envuélvela en el papel de aluminio.
3. Colócala en una fuente refractaria. Salpimienta y hornea durante unos 30 minutos a 210 °C.
4. Esparce unas cuantas almendras laminadas tostadas sobre la carne para terminar.

10 MIN

1 H

4

PRESUPUESTO
MINI

REDONDO DE CERDO CON MIEL

1 KG DE REDONDO DE CERDO

4 CUCHARADAS DE MIEL

3 DIENTES DE AJO

8 CL DE VINO BLANCO SECO

1 CUCHARADITA DE PIMENTÓN

... Y TAMBIÉN UNA PIZCA DE SAL Y PIMIENTA

1. Pela los dientes de ajo e introdúcelos en el redondo de cerdo. Cubre la carne con la miel y condiméntala con el pimentón, sal y pimienta.
2. Vierte el vino y 8 cl de agua en una cacerola refractaria. Añade el redondo de cerdo, tapa la cacerola y hornea durante 1 hora a 210 °C (rocía la carne de vez en cuando con el jugo de la cocción).

15 MIN

45 MIN

4

PRESUPUESTO DE FIESTA

SOLOMILLO CON PURÉ DE BONIATO

1 SOLOMILLO DE CERDO

1 KG DE PATATAS

1 BONIATO

2 DIENTES DE AJO

2 CUCHARADAS DE MOSTAZA

... Y TAMBIÉN CEBOLLA (1), RAMITO DE HIERBAS (1), VINO BLANCO (20 CL), MANTEQUILLA (20 G), LECHE (20 CL), SAL Y PIMIENTA

1. Introduce los ajos en el solomillo y cúbrelo con mostaza. Corta la cebolla en rodajas finas y dórala en una cacerola con la carne.
2. Cuece durante 30 minutos con el ramito de hierbas y da la vuelta a la carne de vez en cuando. Rocía con el vino blanco. Añade agua si es necesario.
3. Mientras, corta las patatas y el boniato en trozos y cuécelos durante 15 minutos en una cacerola grande. Pásalos por el pasapurés o tritúralos en una batidora. Agrega la mantequilla y la leche templada. Sirve el solomillo acompañado con el puré.

10 MIN

1 H

4

PRESUPUESTO MINI

REDONDO DE CERDO CON LIMÓN CONFITADO

1 KG DE REDONDO DE CERDO

1 LIMÓN

3 LIMONES CONFITADOS

1 RAMITA DE ROMERO

... Y TAMBIÉN UNA PIZCA DE SAL Y PIMIENTA

1. Pon el redondo de cerdo en una cacerola refractaria. Rocíalo con el zumo del limón, condimenta y esparce la ralladura del limón.
2. Corta los limones confitados por la mitad y repártelos alrededor del redondo de cerdo con el romero. Tapa y hornea durante 1 hora a 210 °C.

Este plato puede prepararse el día anterior. Es aún mejor recalentado.

PARA RECIBIR INVITADOS

10 MIN

1 H 15

4

PRESUPUESTO MINI

MEDALLONES DE CERDO A LAS CUATRO ESPECIAS

800 G DE MEDALLONES DE CERDO

300 G DE CEBOLLAS

3 CUCHARADITAS DE MEZCLA DE CUATRO ESPECIAS (CANELA, PIMIENTA NEGRA, CLAVO, JENGIBRE O NUEZ MOSCADA)

2 CUCHARADAS DE ACEITE DE OLIVA

... Y TAMBIÉN UNA PIZCA DE SAL Y PIMIENTA

1. Corta la carne en dados y dórala en una cacerola con el aceite durante 10 minutos. Añade las cebollas cortadas en rodajas finas y la mezcla de cuatro especias. Prosigue la cocción durante 5 minutos más.
2. Vierte 50 cl de agua caliente en la cacerola. Condimenta y cuece a fuego lento durante 1 hora.

10 MIN | 8 MIN
4 | PRESUPUESTO MINI

POTAJE
EN 10 MINUTOS

400 G DE ALUBIAS BLANCAS

100 G DE CINTAS DE BEICON

4 SALCHICHAS

400 G DE PURÉ DE TOMATE

1 RAMITO DE HIERBAS

1. Dora las cintas de beicon con las salchichas en una sartén.
2. Añade el resto de ingredientes y mezcla. Cuece tapado a fuego lento durante 5 minutos.

Utiliza alubias en conserva. Para un plato aún más copioso, añade unas rodajas de salchichón al ajo.

EXPRÉS

10 MIN

10 MIN

4

PRESUPUESTO MINI

JAMÓN CON PIÑA

4 LONCHAS DE JAMÓN

1 PIÑA

50 G DE MANTEQUILLA

5 CL DE RON

... Y TAMBIÉN UNA PIZCA DE SAL Y PIMIENTA

UNA PIZCA DE PIMENTÓN

1. Calienta la mantequilla en una sartén, añade la piña cortada en rodajas y dórala. Salpimienta e incorpora el pimentón. Calienta el ron en un cazo y flambéalo fuera del fuego.
2. Cocina el jamón bajo el grill del horno durante 5 minutos. Sírvelo con la piña.

Utiliza lonchas de jamón de 2 cm de grosor. También puedes usar piña en almíbar.

10 MIN

40 MIN

4

PRESUPUESTO DE FIESTA

PALETILLA DE CORDERO AL AJO

1,3 KG DE PALETILLA DE CORDERO

15 DIENTES DE AJO

30 G DE MANTEQUILLA

2 HOJAS DE LAUREL

... Y TAMBIÉN UNA PIZCA DE SAL Y PIMIENTA

1. Condimenta el cordero y colócalo en una fuente refractaria. Añade la mantequilla en trozos, el laurel y los dientes de ajo sin pelar.
2. Vierte 20 cl de agua en la fuente y hornea durante 40 minutos a 180 °C (rocía la carne de vez en cuando con el jugo de la cocción).
3. Apaga el horno, cubre la carne con papel de aluminio y deja que repose unos 10 minutos en el horno.

PARA RECIBIR INVITADOS

15 MIN

2 H 30

4

PRESUPUESTO DE FIESTA

PALETILLA DE CORDERO A LA NARANJA

1 PALETILLA DE CORDERO

1 L DE ZUMO DE NARANJA

1 CEBOLLA

2 DIENTES DE AJO

1 PASTILLA DE CALDO

100 G DE ANACARDOS

1. Pica la cebolla y el ajo, y dóralos en una cacerola. Añade el cordero y dóralo también. Vierte el zumo de naranja e incorpora la pastilla de caldo.
2. Cuece tapado a fuego lento durante 2 horas y media hasta que el cordero esté muy tierno.
   Al final de la cocción, destapa para que reduzca la salsa.
3. Esparce los anacardos justo antes de servir.

PARA RECIBIR INVITADOS

10 MIN

6 MIN

4

PRESUPUESTO DE FIESTA

CHULETAS DE CORDERO CON BEICON

8 CHULETAS DE CORDERO

8 LONCHAS DE BEICON

1 DIENTE DE AJO

1 RAMITA DE ROMERO

8 HOJAS DE SALVIA

... Y TAMBIÉN UNA PIZCA DE SAL Y PIMIENTA

1. Pela el ajo, cháfalo y tritúralo con el romero deshojado y la salvia.
2. Fríe las lonchas de beicon en una sartén antiadherente durante 1 minuto por lado y resérvalas.
3. Pon las chuletas en la sartén. Esparce las hierbas aromáticas picadas, condimenta y cocina durante 5 minutos. Sirve las chuletas acompañadas con el beicon.

EXPRÉS

10 MIN

10 MIN

4

PRESUPUESTO MEDIO

CHULETAS DE CORDERO CON COSTRA

8 CHULETAS DE CORDERO

60 G DE QUESO DE CABRA

8 HOJAS DE SALVIA

1 CUCHARADA DE MIEL

1 CUCHARADA DE ACEITE DE OLIVA

... Y TAMBIÉN UNA PIZCA DE SAL Y PIMIENTA

1. Chafa el queso con la salvia picada. Pincela las chuletas de cordero con la miel y pásalas por la mezcla a base de queso.
2. Condimenta y cocina durante unos 10 minutos en una sartén con el aceite.

EXPRÉS

PARA RECIBIR INVITADOS

10 MIN

10 MIN

4

PRESUPUESTO DE FIESTA

CORDERO SALTEADO CON QUESO FRESCO

500 G DE PALETILLA DE CORDERO

200 G DE QUESO FRESCO BATIDO 20 %

4 CUCHARADAS DE CEBOLLINO

2 PIZCAS DE PIMENTÓN

1 CEBOLLA

... Y TAMBIÉN ACEITE DE OLIVA (1 CUCHARADA), SAL Y PIMIENTA

1. Mezcla el queso fresco con el cebollino picado y el pimentón. Salpimienta.
2. Corta el cordero en trozos y la cebolla en rodajas finas, y dóralos con el aceite durante 10 minutos (remueve de vez en cuando).
3. Añade la mezcla a base de queso fresco y prosigue la cocción durante unos minutos más a fuego lento.

EXPRÉS

15 MIN

15 MIN

4

PRESUPUESTO DE FIESTA

BROCHETAS
DE CORDERO CON ALBARICOQUE

4 FILETES DE PIERNA DE CORDERO

8 OREJONES DE ALBARICOQUE

3 CUCHARADAS DE RAS EL HANUT

2 CUCHARADAS DE ACEITE DE OLIVA

1. Corta los filetes de cordero en dados, pásalos por el aceite y, a continuación, por el ras el hanut.
2. Deja en remojo los orejones de albaricoque en un cuenco con agua caliente durante unos minutos para que se hidraten, y córtalos por la mitad.
3. Forma las brochetas alternando los trozos de cordero y de albaricoque (emplea brochetas de metal). Hornéalas durante 15 minutos a 200 °C (dales la vuelta a media cocción).

PARA RECIBIR INVITADOS

10 MIN

28 MIN

4

PRESUPUESTO MEDIO

PAPILLOTES DE SALMÓN CON HINOJO

4 RODAJAS DE SALMÓN

4 HINOJOS

1 LIMA

… Y TAMBIÉN UNA PIZCA DE SAL Y PIMIENTA

1. Corta los hinojos en rodajas y cocínalos durante 10 minutos al vapor. Repártelos en 4 rectángulos grandes de papel sulfurizado.
2. Añade las rodajas de salmón. Condimenta, rocía con unas gotas de zumo de lima y esparce un poco de ralladura.
3. Cierra los papillotes y hornea durante unos 20 minutos a 210 °C.

Acompaña estos papillotes con patatas al vapor.

10 MIN

20 MIN

4

PRESUPUESTO MEDIO

SALMÓN MARINADO CON ZUMO DE NARANJA

4 SOLOMILLOS DE SALMÓN

15 CL DE ZUMO DE NARANJA

10 G DE JENGIBRE

20 CL DE SALSA DE SOJA

5 CUCHARADAS DE SIROPE DE ARCE

1 MANOJO DE CEBOLLINO

1. Ralla el jengibre y mézclalo en una fuente refractaria con el zumo de naranja, la salsa de soja y el sirope de arce.
2. Coloca los solomillos de salmón en la fuente y déjalos marinar durante al menos 5 horas en la nevera. Dales la vuelta de vez en cuando.
3. Hornea durante unos 20 minutos a 210 °C. Esparce el cebollino picado antes de servir.

¡RECETA GUAU!

SALMÓN GRATINADO CON HIERBAS AROMÁTICAS

10 MIN

15 MIN

4

PRESUPUESTO MEDIO

4 SOLOMILLOS DE SALMÓN

2 CUCHARADAS DE PEREJIL

2 CUCHARADAS DE CEBOLLINO

60 G DE PAN RALLADO

1 LIMÓN

... Y TAMBIÉN DIENTES DE AJO (2), SAL Y PIMIENTA

1. Pica las hierbas aromáticas y mézclalas en un cuenco con el pan rallado, el zumo de limón y el ajo chafado.
2. Pon los solomillos de salmón en una fuente refractaria, condiméntalos y cubre cada uno con 1 cucharada de la preparación anterior. Hornea durante unos 15 minutos a 210 °C.

PESCADO A LA VAINILLA

10 MIN

10 MIN

4

PRESUPUESTO MEDIO

4 FILETES DE PESCADO

½ CUCHARADITA DE VAINILLA

15 CL DE VINO BLANCO SECO

30 CL DE CALDO DE PESCADO

25 CL DE NATA LÍQUIDA 15 %

... Y TAMBIÉN JENGIBRE (2 PIZCAS), SAL Y PIMIENTA

1. Lleva a ebullición el vino blanco con el caldo de pescado en una cacerola. Añade los filetes de pescado, condimenta y cuece tapado durante unos 10 minutos.
2. Calienta la nata líquida con 2 cucharadas de caldo, la vainilla y el jengibre. Escurre el pescado y cúbrelo con la salsa.

¡RECETA GUAU!

10 MIN

10 MIN

4

PRESUPUESTO MEDIO

LOMO DE BACALAO CON LOMO EMBUCHADO

4 LOMOS DE BACALAO

8 LONCHAS DE LOMO EMBUCHADO

4 CUCHARADITAS DE SALSA DE TOMATE

1 CUCHARADITA DE PIMENTÓN DULCE

... Y TAMBIÉN UNA PIZCA DE PIMIENTA

1. Cocina los lomos de bacalao al vapor durante unos 10 minutos. Dora las lonchas de lomo embuchado en una sartén antiadherente sin ninguna materia grasa.
2. Coloca un lomo de bacalao sobre una loncha de lomo embuchado y cubre con 1 cucharada de salsa de tomate. Espolvorea con el pimentón, condimenta con pimienta y cubre con otra loncha de lomo embuchado.

10 MIN

20 MIN

4

PRESUPUESTO MEDIO

ROLLOS DE MERLUZA CON JAMÓN SERRANO

4 FILETES DE MERLUZA

4 LONCHAS DE JAMÓN SERRANO

... Y TAMBIÉN UNA PIZCA DE SAL Y PIMIENTA

1 CUCHARADA DE TOMILLO

1. Condimenta los filetes de merluza, coloca una loncha de jamón sobre cada uno y enróllalos.
2. Ponlos en una fuente refractaria. Espolvoréalos con el tomillo y hornéalos durante 20 minutos a 180 °C.

Puedes sustituir la merluza por bacalao.

15 MIN

35 MIN

4

PRESUPUESTO MEDIO

FILETES DE MERLUZA CON ZANAHORIAS Y LIMÓN

4 FILETES DE MERLUZA

2 ZANAHORIAS

10 CL DE VINO BLANCO SECO

1 LIMÓN

2 CHALOTAS

... Y TAMBIÉN TOMILLO (1 RAMITA), SAL Y PIMIENTA

1. Corta las zanahorias en rodajas y hiérvelas en una cacerola durante 20 minutos.
2. Coloca los filetes de merluza en una fuente refractaria. Rocíalos con el vino blanco y zumo de limón. Añade las chalotas picadas. Cubre los filetes con las rodajas de zanahoria de modo que se solapen.
3. Esparce el tomillo y salpimienta. Hornea durante 15 minutos a 180 °C.

LIGHT

10 MIN

15 MIN

4

PRESUPUESTO
DE FIESTA

CURRI DE CARRILLERA DE RAPE CON SIDRA

600 G DE CARRILLERA DE RAPE

1 CHALOTA

20 CL DE SIDRA BRUT

½ MANZANA

1 CUCHARADA DE CURRI

... Y TAMBIÉN ACEITE DE OLIVA (1 CUCHARADA), NATA LÍQUIDA (10 CL), SAL Y PIMIENTA

1. Cuece las carrilleras de rape en una sartén con el aceite a fuego fuerte durante 5 minutos por lado. Salpimienta y reserva en un plato.
2. Corta la chalota en rodajas finas y rehógala para que suelte el agua. Vierte la sidra y la ½ manzana cortada en dados. Reduce la salsa durante 5 minutos a fuego lento.
3. Incorpora el curri y la nata líquida. Mezcla y añade las carrilleras. Rectifica la sazón y prosigue la cocción durante 5 minutos más a fuego lento.

10 MIN

15-20 MIN

4

PRESUPUESTO DE FIESTA

RAPE
AL AZAFRÁN

850 G DE FILETES DE RAPE

10 CL DE VINO BLANCO SECO

20 MEJILLONES

4 RODAJAS DE CHORIZO

UNA PIZCA DE AZAFRÁN

... Y TAMBIÉN CALDO DE PESCADO (2 CUCHARADITAS), SAL Y PIMIENTA

1. Lleva a ebullición el vino blanco en una cacerola. Añade los mejillones, el rape, el azafrán y el caldo de pescado. Rectifica la sazón y calienta durante 10 minutos.
2. Retira el pescado, agrega el chorizo cortado en dados y reduce la salsa de 5 a 10 minutos. Sirve los filetes de pescado con la salsa.

Para ahorrar tiempo, utiliza mejillones sin valva congelados y una pastilla de caldo de pescado.

PARA RECIBIR INVITADOS

10 MIN

20 MIN

4

PRESUPUESTO DE FIESTA

COLA DE RAPE
CON AGUACATE

500 G DE COLA DE RAPE

3 AGUACATES

1 LIMÓN

20 CL DE SALSA DE SOJA

10 CL DE VINO BLANCO SECO

... Y TAMBIÉN ACEITE DE OLIVA (1 CUCHARADA) Y PIMIENTA

1. Tritura la pulpa de los aguacates con el zumo del limón y la salsa de soja.
2. Dora la cola de rape en una sartén con el aceite durante unos 15 minutos. Dale la vuelta de vez en cuando y condiméntala con pimienta.
3. Incorpora el vino blanco y la salsa de aguacate a la sartén. Deja que se entibie a fuego lento y cubre el pescado con la salsa.

10 MIN

25 MIN

4

PRESUPUESTO MEDIO

TRUCHAS
CON ALMENDRAS

4 TRUCHAS LIMPIAS

4 CUCHARADAS DE ALMENDRAS LAMINADAS

30 G DE MANTEQUILLA

1 CUCHARADA DE PEREJIL

... Y TAMBIÉN UNA PIZCA DE SAL Y PIMIENTA

1. Derrite la mantequilla en una sartén grande y añade las truchas alineadas. Dóralas durante 5 minutos por lado. Condimenta, esparce el perejil picado y tapa.
2. Prosigue la cocción durante 15 minutos más a fuego lento y reserva en un plato. Tuesta las almendras en otra sartén durante 2 minutos (remuévelas de vez en cuando). Repártelas, por último, sobre las truchas.

Pide que te limpien las truchas en la pescadería.

PARA RECIBIR INVITADOS

DORADAS ASADAS CON COSTRA DE SAL

15 MIN

30 MIN

4

PRESUPUESTO MEDIO

3 DORADAS

800 G DE SAL GRUESA

2 CUCHARADAS DE TOMATE CONCENTRADO

2 CLARAS DE HUEVO

1 CUCHARADITA DE HIERBAS PROVENZALES

RODAJAS DE LIMÓN

1. Tritura la sal gruesa con el tomate concentrado y las claras de huevo. Añade las hierbas provenzales y vierte la mitad de esta preparación en una fuente refractaria.
2. Coloca encima las doradas, reparte las rodajas de limón y cubre con el resto de mezcla a base de sal. Hornea durante 30 minutos a 210 °C.
3. Retira la costra de sal para servir el pescado.

¡RECETA GUAU!

10 MIN

15 MIN

4

PRESUPUESTO DE FIESTA

FILETES DE LENGUADO CON ALCACHOFAS

4 FILETES DE LENGUADO

1 KG DE CORAZONES DE ALCACHOFA

1 LIMÓN

10 CL DE NATA LÍQUIDA 15 %

1 DIENTE DE AJO

... Y TAMBIÉN ACEITE DE OLIVA (1 CUCHARADA), SAL Y PIMIENTA

1. Enrolla los filetes de lenguado y cocínalos al vapor durante 5 minutos.
2. Rehoga el ajo y los corazones de alcachofa con el aceite. Condimenta y cocina tapado durante 8 minutos.
3. Vierte el zumo de limón y la nata líquida. Remueve unos segundos e incorpora los rollitos de pescado.

Utiliza corazones de alcachofa congelados.

PARA RECIBIR INVITADOS

10 MIN

8 MIN

4

PRESUPUESTO MEDIO

FILETES DE SALMONETE CON BEICON

12 FILETES DE SALMONETE

12 LONCHAS DE BEICON

2 CUCHARADAS DE PARMESANO RALLADO

1 RAMITA DE TOMILLO

... Y TAMBIÉN UNA PIZCA DE SAL Y PIMIENTA

1. Enrolla una loncha de beicon en cada filete de salmonete. Coloca los filetes alineados en una fuente refractaria forrada con papel de aluminio.
2. Espolvoréalos con el parmesano y salpimienta. Esparce el tomillo deshojado y hornea durante 8 minutos a 210 °C.

EXPRÉS

PARA RECIBIR INVITADOS

10 MIN

15 MIN

4

PRESUPUESTO MEDIO

SALMONETES
A LA ALBAHACA

8 SALMONETES LIMPIOS

8 CUCHARADAS DE OLIVADA

UNAS HOJAS DE ALBAHACA

2 CUCHARADAS DE ACEITE DE OLIVA

... Y TAMBIÉN UNA PIZCA DE SAL Y PIMIENTA

1. Rellena cada salmonete con 1 cucharada de olivada y colócalos en una fuente refractaria.
2. Esparce las hojas de albahaca sobre el pescado, rocíalo con aceite y condiméntalo. Hornéalo durante unos 15 minutos a 150 °C.

PARA RECIBIR INVITADOS

10 MIN

6 MIN

4

PRESUPUESTO MINI

SARDINAS RELLENAS DE ALBAHACA

8 SARDINAS VACIADAS

4 CUCHARADAS DE ALBAHACA

4 CUCHARADAS DE PEREJIL

2 CUCHARADAS DE PIÑONES

2 CUCHARADAS DE ZUMO DE LIMÓN

1 CUCHARADA DE ACEITE DE OLIVA

1. Tuesta los piñones en una sartén. Mézclalos con las hierbas aromáticas picadas, el zumo de limón y el aceite.
2. Rellena las sardinas con la preparación anterior y sujétalas con unos palillos para cerrarlas. Ásalas durante 6 minutos bajo el grill.

Pide que te limpien las sardinas en la pescadería. Si añades 2 cucharadas de ricotta al relleno, obtendrás una receta aún más sabrosa.

EXPRÉS

GAMBAS AL CURRI
CON LECHE DE COCO

10 MIN

7-10 MIN

4

PRESUPUESTO DE FIESTA

30 GAMBAS GRISES

40 CL DE LECHE DE COCO

2 CUCHARADAS DE ACEITE DE OLIVA

1 O 2 CUCHARADITAS DE CURRI

1 O 2 CUCHARADITAS DE CÚRCUMA

... Y TAMBIÉN CILANTRO (UNAS HOJAS), SAL Y PIMIENTA

1. Dora las gambas peladas en una sartén con el aceite. Añade la leche de coco y las especias. Salpimienta.
2. Cocina de 7 a 10 minutos a fuego medio, hasta que la leche de coco se torne amarilla. Esparce el cilantro picado.
3. Condimenta al gusto.

PARA RECIBIR INVITADOS

LIGHT

10 MIN

5 MIN

4

PRESUPUESTO DE FIESTA

FRICASÉ DE VIEIRAS Y GAMBAS

20 VIEIRAS

25 GAMBAS PELADAS

1 DIENTE DE AJO

2 TALLOS DE CEBOLLINO

20 G DE MANTEQUILLA

... Y TAMBIÉN ACEITE DE OLIVA (1 CUCHARADA), SAL Y PIMIENTA

1. Calienta el aceite y la mantequilla en una sartén. Añade el ajo picado y, a continuación, las vieiras y las gambas peladas. Condimenta y dora a fuego bastante fuerte durante 5 minutos.
2. Da la vuelta a las vieiras y esparce el cebollino picado.
3. Sirve acompañado de arroz y brócoli.

GAMBAS AL WHISKY

5 MIN

10 MIN

4

PRESUPUESTO DE FIESTA

800 G DE GAMBAS

2 DIENTES DE AJO

2 CUCHARADAS DE HIERBAS PROVENZALES

2 CUCHARADAS DE ACEITE DE OLIVA

3 CUCHARADITAS DE WHISKY

... Y TAMBIÉN UNA PIZCA DE SAL Y PIMIENTA

1. Tritura el ajo con las hierbas provenzales, el aceite, el whisky, sal, pimienta y 1 cucharada de agua hasta que obtengas una mezcla homogénea.
2. Vierte la pasta anterior sobre las gambas en una sartén y cocínalas a fuego medio durante 10 minutos (dales la vuelta de vez en cuando).

También puedes utilizar langostinos y sustituir el whisky por coñac.

EXPRÉS

¡RECETA GUAU!

10 MIN

5 MIN

4

PRESUPUESTO DE FIESTA

VIEIRAS
CON CREMA DE WHISKY

12 VIEIRAS

2 CUCHARADAS DE WHISKY

10 G DE MANTEQUILLA CON SAL

10 CL DE NATA LÍQUIDA 15 %

1 CUCHARADA DE PEREJIL

... Y TAMBIÉN UNA PIZCA DE SAL Y PIMIENTA

1. Derrite la mantequilla en una sartén y añade las vieiras. Dóralas 2 minutos por lado. Vierte el whisky y flambea fuera del fuego.
2. Agrega la nata líquida, el perejil picado, sal y pimienta. Mezcla y calienta durante 1 minuto a fuego muy lento.

EXPRÉS

PARA RECIBIR INVITADOS

BLANQUETA DE VIEIRAS

10 MIN

8 MIN

4

PRESUPUESTO DE FIESTA

12 VIEIRAS

12 GAMBAS

60 G DE CHAMPIÑONES

2 CHALOTAS

50 G DE NATA FRESCA ESPESA

... Y TAMBIÉN LIMÓN (½), YEMAS DE HUEVO (2), MANTEQUILLA (20 G), CALDO DE PESCADO (10 CL), VINO BLANCO SECO (10 CL), SAL Y PIMIENTA

1. Mezcla la nata con las yemas de huevo en un cuenco.
2. Corta los champiñones en láminas y las chalotas en rodajas finas, y dóralos con la mantequilla. Añade las vieiras y dóralas durante 2 minutos por lado. Incorpora, a continuación, las gambas peladas.
3. Vierte el zumo del ½ limón, el caldo de pescado y el vino blanco, y mezcla. Condimenta y lleva a ebullición. Agrega la nata líquida a los huevos y remueve hasta que la salsa espese.

10 MIN

17 MIN

4

PRESUPUESTO MEDIO

CALAMARES CON TOMATE Y VINO BLANCO

500 G DE AROS DE CALAMAR

500 G DE PURÉ DE TOMATE

10 CL DE VINO BLANCO SECO

2 CEBOLLAS

1 DIENTE DE AJO

... Y TAMBIÉN ACEITE DE OLIVA (2 CUCHARADAS), AZAFRÁN (UNA PIZCA), SAL Y PIMIENTA

1. Corta las cebollas en rodajas finas, chafa el ajo y dóralos en una sartén con el aceite. Añade los aros de calamar y cocina durante 2 minutos (remueve de vez en cuando).
2. Vierte el vino blanco, el puré de tomate y el azafrán, y condimenta. Cuece a fuego lento durante unos 15 minutos.

15 MIN

10 MIN

4

PRESUPUESTO MEDIO

CALAMARES CON PIMENTÓN Y TOMATE

500 G DE AROS DE CALAMAR

3 TOMATES

1 CUCHARADA DE PIMENTÓN DULCE

1 LIMÓN

UNAS HOJAS DE ALBAHACA

... Y TAMBIÉN DIENTE DE AJO (1), ACEITE DE OLIVA (1 CUCHARADA), SAL Y PIMIENTA

1. Mezcla en un cuenco los aros de calamar con los tomates cortados en dados, el pimentón, el zumo del limón y el ajo chafado. Condimenta, cubre y reserva durante 20 minutos en la nevera.
2. Calienta el aceite en una sartén. Vierte el contenido del cuenco y cocina durante unos 10 minutos. Esparce la albahaca picada.

LIGHT

MEJILLONES AL CURRI

10 MIN

15 MIN

4

PRESUPUESTO MINI

2 KG DE MEJILLONES

20 CL DE NATA LÍQUIDA 15 %

1 CUCHARADA DE CURRI

10 CL DE VINO BLANCO SECO

3 CHALOTAS

... Y TAMBIÉN DIENTES DE AJO (2) Y MANTEQUILLA (20 G)

1. Entibia la nata líquida mezclada con el curri. Corta las chalotas en rodajas finas y dóralas junto con el ajo chafado con la mantequilla.
2. Añade los mejillones y el vino blanco. Mezcla y cocina tapado durante 8 minutos y vierte la nata.
3. Incorpora bien y prosigue la cocción durante unos minutos, hasta que se abran todos los mejillones.

15 MIN

25 MIN

4

PRESUPUESTO MEDIO

POLENTA DE PESCADO A LA PROVENZAL

4 FILETES DE MERLUZA

120 G DE POLENTA

15 PÉTALOS DE TOMATES SECOS

15 ACEITUNAS NEGRAS SIN HUESO

1 CUCHARADA DE PARMESANO RALLADO

... Y TAMBIÉN CALDO DE VERDURAS (50 CL), SAL Y PIMIENTA

1. Lleva a ebullición el caldo de verduras y cuece en él la polenta durante 5 minutos (remueve de vez en cuando). Condimenta.
2. Corta los tomates secos y las aceitunas en rodajas finas. Mézclalos con el parmesano.
3. Reparte una capa de polenta en una fuente refractaria. Cubre con la preparación a base de tomate y añade los filetes de merluza. Vierte el resto de polenta. Alisa la superficie y hornea durante 20 minutos a 180 °C.

15 MIN · 35 MIN · 4 · PRESUPUESTO MEDIO

GRATÉN
DE BACALAO

500 G DE BACALAO

600 G DE PURÉ DE TOMATE

50 G DE POLENTA

3 CUCHARADAS DE MOSTAZA

3 CUCHARADAS DE NATA FRESCA ESPESA

... Y TAMBIÉN DIENTES DE AJO (3), ALBAHACA (UN MANOJO), PARMESANO RALLADO (2 CUCHARADAS), SAL Y PIMIENTA

1. Mezcla en una sartén el puré de tomate con la mostaza, la nata fresca y el ajo chafado. Calienta durante 5 minutos y añade la polenta en forma de lluvia sin dejar de remover. Deja que repose durante 5 minutos.
2. Tritura el bacalao y añádelo junto con la albahaca picada. Condimenta, mezcla y vierte todo en un molde para gratinar. Cubre con parmesano y hornea durante 30 minutos a 180 °C.

15 MIN

30 MIN

4

PRESUPUESTO MEDIO

GRATÉN NÓRDICO DE SALMÓN Y PATATAS

1 KG DE PATATAS

6 LONCHAS DE SALMÓN AHUMADO

20 CL DE NATA LÍQUIDA 15 %

1 CUCHARADA DE ENELDO

20 G DE MANTEQUILLA

... Y TAMBIÉN UNA PIZCA DE SAL Y PIMIENTA

1. Mezcla la nata líquida con el eneldo picado en un cuenco y salpimienta.
2. Corta las patatas en rodajas finas y el salmón en tiras, y alterna ambos ingredientes por capas en una fuente refractaria. Finaliza con una capa de patatas. Reparte nueces de mantequilla y la salsa de nata y eneldo.
3. Cubre con papel de aluminio y hornea durante 30 minutos a 180 °C.

15 MIN

30 MIN

4

PRESUPUESTO MEDIO

GRATÉN DE RAVIOLIS Y ZAMBURIÑAS

6 PLACAS DE RAVIOLIS FRESCOS

300 G DE ZAMBURIÑAS

2 PUERROS

20 CL DE NATA LÍQUIDA 15 %

80 G DE GRUYER RALLADO

... Y TAMBIÉN ACEITE DE OLIVA (1 CUCHARADA), SAL Y PIMIENTA

1. Cuece los raviolis en una cacerola con agua hirviendo.
2. Corta los puerros en rodajas finas y dóralos en una sartén con el aceite durante unos 10 minutos. Salpimienta. Añade las zamburiñas y prosigue la cocción durante 3 minutos más (remueve con cuidado de vez en cuando).
3. Incorpora los raviolis y la nata líquida. Vierte la preparación en una fuente refractaria. Cubre con el gruyer y hornea durante 5 minutos a 180 °C.

10 MIN

23 MIN

4

PRESUPUESTO MINI

GRATÉN DE ACELGAS CON REQUESÓN

1 MANOJO DE ACELGAS

160 G DE REQUESÓN

3 HUEVOS

5 CL DE NATA LÍQUIDA 15 %

40 G DE QUESO RALLADO

... Y TAMBIÉN UNA PIZCA DE NUEZ MOSCADA, SAL Y PIMIENTA

1. Corta las acelgas en trozos (tallos y hojas) y hiérvelas durante 8 minutos en una cacerola con agua con sal.
2. Bate el requesón con los huevos, la nata líquida y la nuez moscada. Salpimienta e incorpora las acelgas.
3. Vierte todo en una fuente refractaria. Esparce el queso y hornea durante 15 minutos a 180 °C.

Puedes sustituir el requesón por ricotta.

VEGETARIANO

15 MIN

1 H 15

6

PRESUPUESTO MINI

GRATÉN DELFINÉS

2 KG DE PATATAS

1 DIENTE DE AJO

35 CL DE NATA LÍQUIDA 15 %

35 CL DE LECHE

2 PIZCAS DE NUEZ MOSCADA

... Y TAMBIÉN UNA PIZCA DE SAL Y PIMIENTA

1. Reparte el ajo picado en una fuente refractaria y añade las patatas cortadas en rodajas finas.
2. Condimenta, cubre con la nata líquida y la leche mezcladas. Espolvorea con la nuez moscada. Hornea durante 1 hora 15 minutos a 180 °C.

15 MIN

30 MIN

4

PRESUPUESTO MINI

CLAFOUTIS DE TOMATES CHERRY Y QUESO DE CABRA

500 G DE TOMATES CHERRY

200 G DE QUESO DE CABRA FRESCO

2 CUCHARADITAS DE ALBAHACA

3 HUEVOS

1 CUCHARADA DE FÉCULA DE MAÍZ

... Y TAMBIÉN UNA PIZCA DE SAL Y PIMIENTA

1. Coloca los tomates cherry en una fuente refractaria y reparte el queso de cabra desmenuzado y la albahaca picada.
2. Bate los huevos con la fécula, sal y pimienta como para hacer una tortilla. Viértelos en la fuente y hornea durante 30 minutos a 200 °C.

Puedes añadir parmesano u otro queso rallado para gratinar, aunque la receta será menos light.

VEGETARIANO

LIGHT

10MIN

30 MIN

4

PRESUPUESTO MINI

GRATÉN DE COLIFLOR CON PANCETA CURADA

1 COLIFLOR

6 LONCHAS DE PANCETA CURADA

50 CL DE LECHE

60 G DE QUESO DE CABRA EN RULO

50 G DE GRUYER RALLADO

... Y TAMBIÉN FÉCULA DE PATATA (2 CUCHARADAS), SAL Y PIMIENTA

1. Cocina los ramitos de coliflor al vapor, repártelos en una fuente refractaria y cúbrelos con la panceta curada.
2. Bate la fécula de patata con la leche en una cacerola y calienta sin dejar de remover hasta que espese. Condimenta y cubre la coliflor con esta preparación.
3. Esparce el queso de cabra chafado y el gruyer. Hornea durante 20 minutos a 180 °C.

15 MIN

20 MIN

4

PRESUPUESTO MINI

GRATÉN DE CALABAZA Y PATATA

350 G DE CALABAZA

350 G DE PATATAS

1 HUEVO

10 CL DE LECHE

100 G DE GRUYER RALLADO

... Y TAMBIÉN UNA PIZCA DE NUEZ MOSCADA
MANTEQUILLA (50 G)
SAL Y PIMIENTA

1. Corta la calabaza y las patatas en trozos, y cuécelas por separado. Cháfalas un poco.
2. Añade el huevo, la leche, la nuez moscada, sal y pimienta, y mezcla. Vierte la preparación en una fuente refractaria. Esparce el gruyer y la mantequilla en trozos, y hornea durante 20 minutos a 180 °C.

VEGETARIANO

PARA RECIBIR INVITADOS

15 MIN

22 MIN

4

PRESUPUESTO MINI

TOMATES RELLENOS VEGETARIANOS

4 TOMATES GRANDES

40 G DE ALMENDRAS LAMINADAS

80 G DE COPOS DE AVENA

UNAS HOJAS DE ALBAHACA

1 CUCHARADA DE ACEITE DE OLIVA

... Y TAMBIÉN UNA PIZCA DE SAL Y PIMIENTA

1. Corta la parte superior de los tomates y vacíalos. Reserva la pulpa.
2. Calienta el aceite en una sartén y añade la pulpa de los tomates, las almendras, los copos de avena y la albahaca picada. Mezcla durante 2 minutos, condimenta y rellena los tomates con esta preparación.
3. Reparte los tomates en una fuente refractaria, cúbrelos con la parte superior y hornéalos durante 20 minutos a 180 °C.

VEGETARIANO

LIGHT

10 MIN

15 MIN

4

PRESUPUESTO MEDIO

COLES DE BRUSELAS
CON TOFU Y MANZANA

400 G DE COLES DE BRUSELAS

4 SALCHICHAS AHUMADAS DE TOFU

1 CEBOLLA

3 CUCHARADAS DE ARÁNDANOS ROJOS SECOS

1 MANZANA

... Y TAMBIÉN ACEITE DE OLIVA (2 CUCHARADITAS), ALMENDRAS LAMINADAS (4 CUCHARADAS), CEBOLLINO (1 CUCHARADA), SAL Y PIMIENTA

1. Corta las salchichas en trozos y dóralas en una sartén con el aceite durante 5 minutos (remueve de vez en cuando).
2. Corta la cebolla en rodajas finas y añádelas junto con los arándanos rojos. Prosigue la cocción hasta que las cebollas estén tiernas. Incorpora las coles en rodajas finas y la manzana en dados.
3. Vierte 10 cl de agua y cocina durante 8 minutos más. Condimenta y esparce las almendras y el cebollino picado.

VEGETARIANO

SARTENADA DE SURIMI CON PUERROS

15 MIN

40 MIN

4

PRESUPUESTO MINI

12 PALITOS DE SURIMI

6 PUERROS

4 ZANAHORIAS

15 CL DE NATA LÍQUIDA 15 %

... Y TAMBIÉN ACEITE DE OLIVA (1 CUCHARADA), SAL Y PIMIENTA

1. Corta los puerros en rodajas finas y dóralos en una sartén con el aceite durante unos 15 minutos, hasta que estén tiernos.
2. Corta las zanahorias en rodajas y hiérvelas en una cacerola.
3. Añade las zanahorias y el surimi cortado en rodajas a la sartén. Vierte la nata líquida, condimenta y calienta durante unos minutos.

ESPECIAL NIÑOS

CURRI VEGETARIANO

15 MIN

35 MIN

4

PRESUPUESTO MEDIO

400 G DE JUDÍAS VERDES

1 BRÓCOLI

1 CEBOLLA

1 CUCHARADA DE PASTA DE CURRI VERDE

40 CL DE LECHE DE COCO

... Y TAMBIÉN ACEITE DE OLIVA (2 CUCHARADITAS), JENGIBRE (1 CM), LIMA (1), COCO RALLADO (2 CUCHARADAS), CILANTRO (1 CUCHARADA), CALDO DE VERDURAS (50 CL), SAL Y PIMIENTA

1. Hierve las judías durante 8 minutos en una cacerola con agua y sal. Añade los ramitos de brócoli y prosigue la cocción durante 8 minutos más.
2. Corta la cebolla en rodajas finas y dórala en una sartén con el aceite. Agrega el jengibre rallado y la pasta de curri sin dejar de remover.
3. Vierte el caldo y la leche de coco, y cuece a fuego lento durante 15 minutos. Incorpora las verduras cocidas y el zumo de la lima. Condimenta, prosigue la cocción y esparce el coco rallado y el cilantro picado.

VEGETARIANO

LIGHT

10 MIN

20 MIN

4

PRESUPUESTO MINI

CASI PIPERRADA

2 PIMIENTOS ROJOS

2 PIMIENTOS VERDES

1 CEBOLLA

4 LONCHAS DE JAMÓN SERRANO

4 HUEVOS

... Y TAMBIÉN PURÉ DE TOMATE (500 G) Y ACEITE DE OLIVA (2 CUCHARADITAS)

1. Corta los pimientos y la cebolla en rodajas finas y rehógalos en una sartén con el aceite durante unos 10 minutos. Añade el puré de tomate y mezcla.
2. Corta el jamón en tiras e incorpóralo. Casca los huevos en la sartén. Cuece tapado durante unos 10 minutos, hasta que la clara de los huevos esté bien cocida.

TORTILLA DE PATATAS

15 MIN

20 MIN

4

PRESUPUESTO MINI

8 HUEVOS

3 PATATAS

3 DIENTES DE AJO

1 CEBOLLA

22,5 CL DE ACEITE DE OLIVA

... Y TAMBIÉN UNA PIZCA DE SAL Y PIMIENTA

1. Bate los huevos en un cuenco con sal y pimienta.
2. Vierte 20 cl de aceite en una cacerola, añade las patatas cortadas en rodajas muy finas y el ajo chafado. Fríe durante 10 minutos. Agrega la cebolla picada y prosigue la cocción 5 minutos más.
3. Escurre las patatas y mézclalas con los huevos sin dejar de batir. Calienta el resto del aceite en una sartén y vierte la preparación anterior. Mezcla y cocina tapado durante unos 5 minutos (remueve de vez en cuando).
4. Cuando la tortilla esté dorada por los bordes, dale la vuelta y cocínala 2 o 3 minutos más.

VEGETARIANO

10 MIN | 5 MIN | 4 | PRESUPUESTO MINI

TORTILLA DE QUESO DE CABRA CON MENTA

8 HUEVOS

8 HOJAS DE MENTA

120 G DE QUESO DE CABRA FRESCO

1 CUCHARADA DE ACEITE DE OLIVA

... Y TAMBIÉN UNA PIZCA DE SAL Y PIMIENTA

1. Bate los huevos en un cuenco. Añade la menta picada y condimenta.
2. Calienta el aceite en una sartén y vierte los huevos. Cuece la tortilla durante unos 5 minutos y dóblala desde los bordes hacia el centro cuando estos estén dorados.
3. Corta el queso de cabra en dados y repártelo en la tortilla. Enróllala y deja que repose fuera del fuego durante unos minutos.

VEGETARIANO

EXPRÉS

PASTEL
DE TORTILLA

10 MIN

25 MIN

4

PRESUPUESTO MINI

8 HUEVOS

1 CUCHARADA DE FÉCULA DE MAÍZ

2 CUCHARADAS DE NATA FRESCA

200 G DE TOMATE FRITO

1 DIENTE DE AJO

... Y TAMBIÉN ACEITE DE OLIVA (2 CUCHARADAS)
ALBAHACA (2 RAMITAS)
SAL Y PIMIENTA

1. Bate los huevos con la fécula de maíz y la nata fresca con la ayuda de una batidora. Condimenta y vierte en una bandeja de horno. Hornea durante 20 minutos a 180 °C.
2. Pon el tomate frito, el ajo picado y el aceite en una cacerola, y calienta durante 5 minutos (remueve de vez en cuando). Incorpora la albahaca picada. Sirve el pastel de tortilla acompañado con la salsa de tomate.

VEGETARIANO

HUEVOS CON TOMATE Y AJO

10MIN

12 MIN

4

PRESUPUESTO MINI

4 HUEVOS

6 TOMATES

3 DIENTES DE AJO

1 CUCHARADA DE ACEITE DE OLIVA

3 RAMITAS DE ORÉGANO

... Y TAMBIÉN UNA PIZCA DE SAL Y PIMIENTA

1. Corta los tomates en dados y rehógalos con el ajo chafado en una sartén con el aceite durante 8 minutos a fuego lento. Condimenta y añade las hojas de orégano.
2. Forma 4 huecos en la sartén y casca los huevos en ellos. Cocina durante unos minutos, hasta que las claras estén bien cocidas.

VEGETARIANO

LIGHT

10 MIN

4 MIN

4

PRESUPUESTO MINI

HUEVOS
REVUELTOS CON ESPÁRRAGOS

8 HUEVOS

10 PUNTAS DE ESPÁRRAGOS

10 CL DE LECHE

1 CUCHARADA DE PARMESANO RALLADO

15 G DE MANTEQUILLA

... Y TAMBIÉN UNA PIZCA DE SAL Y PIMIENTA

1. Bate los huevos con la leche y el parmesano.
2. Derrite la mantequilla en una sartén grande y saltea los espárragos durante 1 minuto a fuego fuerte.
3. Vierte los huevos batidos en la sartén y cocínalos durante unos 3 minutos sin dejar de remover. Salpimienta.

VEGETARIANO

EXPRÉS

2 MIN

1-2 MIN

4

PRESUPUESTO MINI

HUEVOS
EN COCOTTE DE TRES MANERAS

8 HUEVOS

200 G DE EMMENTAL RALLADO

… Y TAMBIÉN UNA PIZCA DE SAL Y PIMIENTA

8 PIZCAS DE PIMENTÓN

1. Casca los huevos en 4 ramequines y salpimienta. Esparce el emmental y el pimentón.
2. Cocina los huevos en el microondas (700-750 W) durante 1 minuto para unos huevos en cocotte, 1 minuto 30 segundos para unos huevos pasados por agua y 2 minutos para unos huevos duros.
3. Utiliza más o menos pimentón al gusto.

VEGETARIANO

EXPRÉS

10 MIN

25 MIN

4

PRESUPUESTO MINI

PLATO DE MAMÁ DE LA NEVERA VACÍA

250 G DE ARROZ INTEGRAL

6 CEBOLLAS

25 G DE MANTEQUILLA CON SAL

25 CL DE NATA LÍQUIDA 15 %

4 HUEVOS

... Y TAMBIÉN UNA PIZCA DE SAL Y PIMIENTA

1. Hierve el arroz en abundante agua con sal.
2. Corta las cebollas en rodajas finas y dóralas durante unos 10 minutos con la mantequilla. Calienta la nata líquida y condiméntala.
3. Preparara los huevos duros en agua hirviendo. Reparte el arroz en los platos, añade los huevos pelados y las cebollas, y cubre con la nata.

15 MIN · **10 MIN** · **4** · **PRESUPUESTO MEDIO**

SAN JACOBOS DE LOMO EMBUCHADO Y CALABACÍN

4 ESCALOPAS DE PAVO

4 LONCHAS DE LOMO EMBUCHADO

1 CALABACÍN

1 HUEVO

6 BISCOTES

... Y TAMBIÉN ACEITE DE OLIVA (1 CUCHARADA), SAL Y PIMIENTA

1. Reparte una loncha de lomo embuchado y unas rodajas de calabacín sobre cada escalopa. Condimenta y dóblalas por la mitad presionando bien. Sujétalas con unos palillos.
2. Pasa las escalopas por el huevo batido y, a continuación, por los biscotes triturados.
3. Caliéntalas en una sartén con el aceite durante unos 10 minutos por lado.

Los biscotes triturados son una alternativa light al pan rallado.

¡RECETA GUAU!

15 MIN

10 MIN

4

PRESUPUESTO MINI

TORTAS DE PATATAS Y JAMÓN

300 G DE PURÉ DE PATATA

4 LONCHAS DE JAMÓN

4 CUCHARADITAS DE CEBOLLINO

6 BISCOTES

... Y TAMBIÉN UNA PIZCA DE SAL Y PIMIENTA

1. Llena las bases de 4 aros con 1 cucharada de puré en cada una.
2. Añade un poco de jamón y cebollino picados. Reparte el resto del puré. Presiona, alisa y retira los aros. Espolvorea con los biscotes triturados.
3. Condimenta las tortas y dóralas durante 5 minutos por lado a fuego lento en una sartén antiadherente.

Los biscotes triturados son una alternativa light al pan rallado.

ESPECIAL NIÑOS

10 MIN

10 MIN

4

PRESUPUESTO MINI

PANQUEQUES DE CALABACÍN RALLADO

4 CALABACINES

2 CUCHARADAS DE HARINA

1 HUEVO

10 CL DE LECHE DESNATADA

3 QUESITOS

... Y TAMBIÉN CEBOLLINO (1 CUCHARADA), SAL Y PIMIENTA

1. Mezcla la harina con el huevo, la leche y el queso. Añade los calabacines rallados, el cebollino picado y condimenta.
2. Forma unos panqueques con esta preparación y cocínalos en una sartén durante 5 minutos por lado a fuego lento.

VEGETARIANO

10 MIN | 10 MIN
4 | PRESUPUESTO MEDIO

GRATÉN DE FRUTAS DE INVIERNO

1 CLEMENTINA

1 MANZANA

1 PERA

1 KIWI

1 PLÁTANO

... Y TAMBIÉN YEMAS DE HUEVO (4), AZÚCAR (100 G), NATA FRESCA (25 CL) Y AZÚCAR AVAINILLADO (2 SOBRES)

1. Corta en trozos la manzana, la pera, el kiwi y el plátano. Extrae los gajos de la clementina. Bate las yemas de huevo con el azúcar y cocínalas en una cacerola con la nata fresca durante 5 minutos a fuego lento (remueve de vez en cuando).
2. Reparte las frutas en una fuente refractaria engrasada con mantequilla. Vierte la crema anterior. Espolvorea con el azúcar avainillado y hornea durante 5 minutos bajo el grill antes de servir.

GRATÉN DE MANGO Y TAPIOCA

10 MIN · **25 MIN** · **4** · **PRESUPUESTO MEDIO**

2 MANGOS

25 G DE TAPIOCA

30 CL DE LECHE

2 CUCHARADAS
DE SIROPE DE MANGO

2 HUEVOS

1. Hierve la leche y el sirope de mango en una cacerola. Añade la tapioca. Mezcla y cuece durante 10 minutos.
2. Vierte la preparación sobre los huevos batidos sin dejar de batir. Agrega los mangos cortados en dados. Reparte la mezcla en 4 ramequines y hornea durante 15 minutos a 180 °C.

Elige unos mangos bien maduros.

PARA RECIBIR INVITADOS

¡RECETA GUAU!

10 MIN

45 MIN

6

PRESUPUESTO MINI

CRUMBLE DE MANZANA

6 MANZANAS

2 CUCHARADAS DE MANTEQUILLA

4 CUCHARADAS DE AZÚCAR AVAINILLADO

6 CUCHARADAS DE FÉCULA DE MAÍZ

1. Derrite la mantequilla y mézclala con el azúcar avainillado y la fécula de maíz hasta que obtengas una pasta granulosa.
2. Pela las manzanas y córtalas en dados. Repártelas en la base de una fuente refractaria y cúbrelas con la pasta anterior desmenuzada. Hornea durante 45 minutos a 180 °C.

ESPECIAL NIÑOS

10 MIN

3 MIN

4

PRESUPUESTO MEDIO

CAZOLETAS
DULCES EXÓTICAS

1 PIÑA PEQUEÑA

1 MANGO

1 PAPAYA

45 G DE SABLÉS

1 LIMA

... Y TAMBIÉN
MANTEQUILLA (20 G)
Y AZÚCAR (20 G)

1. Corta la piña en rodajas, y el mango y la papaya en dados. Saltéalos con la mantequilla durante 3 minutos.
2. Espolvorea las frutas con azúcar, mézclalas y repártelas en 4 cazoletas. Esparce los sables triturados y la ralladura de la lima sobre las frutas.

EXPRÉS

PARA RECIBIR INVITADOS

5 MIN

5 MIN

4

PRESUPUESTO MINI

PLÁTANOS FLAMBEADOS

4 PLÁTANOS

5 CL DE RON ÁMBAR

15 G DE MANTEQUILLA

2 SOBRES DE AZÚCAR AVAINILLADO

1. Derrite la mantequilla en una sartén. Corta los plátanos por la mitad a lo largo y dóralos en la sartén durante 5 minutos (dales la vuelta a media cocción).
2. Espolvoréalos con el azúcar avainillado para que se caramelicen. Rocíalos con el ron y flambéalos fuera del fuego.

EXPRÉS

PAPILLOTES DE HIGOS

5 MIN

15 MIN

4

PRESUPUESTO MEDIO

16 HIGOS

4 CUCHARADAS DE MOSCATEL

3 CUCHARADAS DE AZÚCAR MORENO

1 CUCHARADITA DE CANELA

1. Practica unos cortes en los higos y repártelos en 4 cuadrados de papel sulfurizado. Rocíalos con el moscatel y espolvoréalos con el azúcar moreno y la canela.
2. Dobla las láminas de papel sulfurizado en forma de papillote y hornéalos durante 15 minutos a 180 °C.

PARA RECIBIR INVITADOS

15 MIN

30 MIN

4

PRESUPUESTO MINI

TARTA NORMANDA DE MANZANA

1 MASA BRISA

300 G DE COMPOTA DE MANZANA

5 MANZANAS

3 SOBRES DE AZÚCAR AVAINILLADO

3 CUCHARADAS DE NATA FRESCA 30 %

... Y TAMBIÉN YEMA DE HUEVO (1) Y CALVADOS (1 CUCHARADITA)

1. Desenrolla la masa en un molde para tartas forrado con papel sulfurizado.
2. Reparte la compota en la base. Corta las manzanas en rodajas y colócalas en forma de rosa sobre la compota. Espolvorea con 2 sobres de azúcar avainillado. Hornea durante 20 minutos a 200 °C.
3. Retira la tarta del horno y rocíala con la nata batida con la yema de huevo y el azúcar avainillado. Hornéala durante 10 minutos más.

También puedes preparar esta tarta sin el calvados.

15 MIN

40 MIN

4

PRESUPUESTO MINI

PASTEL
DE MANZANA

5 MANZANAS

2 HUEVOS

140 G DE AZÚCAR

300 G DE HARINA

20 CL DE LECHE

... Y TAMBIÉN ACEITE DE OLIVA (4 CUCHARADAS), AZÚCAR AVAINILLADO (1 SOBRE) Y LEVADURA QUÍMICA (1 SOBRE)

1. Bate los huevos con el azúcar. Incorpora la harina, la leche y el aceite, y, a continuación, las manzanas cortadas en dados, el azúcar avainillado y la levadura.
2. Vierte todo en un molde y hornea durante 40 minutos a 180 °C.

ESPECIAL NIÑOS

15 MIN

40 MIN

4

PRESUPUESTO MINI

FLAN MÁGICO

125 G DE HARINA

50 CL DE LECHE

3 HUEVOS

120 G DE AZÚCAR

... Y TAMBIÉN UNA PIZCA DE SAL

1. Diluye la harina con la mitad de la leche y la sal. Separa las yemas de las claras de los huevos. Incorpora las yemas, el azúcar y el resto de la leche, y, a continuación, las claras montadas a punto de nieve con la sal. Vierte todo en un molde.
2. Hornea durante 10 minutos a 160 °C. Baja la temperatura a 150 °C y prosigue la cocción durante 30 minutos.

20 MIN

SIN COCCIÓN

4

PRESUPUESTO MEDIO

PASTEL DE GALLETAS DE MANTEQUILLA

36 GALLETAS DE MANTEQUILLA

3 HUEVOS

120 G DE MANTEQUILLA

70 G DE AZÚCAR

6 CL DE CAFÉ FUERTE

1 CUCHARADITA DE CACAO

1. El día anterior, pon en remojo las galletas en el café. Separa las yemas de las claras de los huevos. Bate la mantequilla ablandada con el azúcar y, a continuación, las yemas. Monta las claras a punto de nieve e incorpóralas.
2. Monta el pastel en un molde para pasteles: para ello, alterna capas de galletas y de crema de mantequilla. Espolvorea con el cacao y reserva durante una noche en la nevera.

ESPECIAL NIÑOS

10 MIN

45 MIN

4

PRESUPUESTO MINI

FLAN
DE COCO

4 HUEVOS

60 G DE COCO RALLADO

400 G DE LECHE CONCENTRADA

25 CL DE LECHE

1. Bate los huevos y añade la leche concentrada. Mezcla e incorpora la leche y el coco.
2. Vierte la preparación anterior en un molde engrasado con mantequilla y hornea durante 45 minutos a 180 °C. Deja que el flan se enfríe y resérvalo durante 6 horas en la nevera antes de desmoldarlo.

Puedes caramelizar el molde antes de verter la preparación a base de coco.

10 MIN

25 MIN

4

PRESUPUESTO MEDIO

FIADONE

500 G DE REQUESÓN

6 HUEVOS

4 SOBRES DE AZÚCAR AVAINILLADO

1 LIMÓN

1. Chafa el requesón y bátelo con los huevos. Añade el azúcar avainillado y la ralladura del limón.
2. Vierte la mezcla en una fuente refractaria engrasada con mantequilla y hornéala durante 25 minutos a 180 °C. Deja que se enfríe y reserva en la nevera antes de servir.

PARA RECIBIR INVITADOS

15 MIN

45 MIN

4

PRESUPUESTO MEDIO

FAR BRETÓN

250 G DE CIRUELAS PASAS

250 G DE AZÚCAR

4 HUEVOS

250 G DE HARINA

1 L DE LECHE

... Y TAMBIÉN UNA PIZCA DE SAL

1. Mezcla el azúcar con los huevos, la harina y la sal. Disuelve esta preparación con la leche muy caliente.
2. Enharina las ciruelas pasas y colócalas en un molde enharinado. Cúbrelas con el preparado anterior.
3. Hornea el pastel durante 45 minutos a 200 °C. Al cabo de 10 minutos, baja la temperatura a 180 °C.

FLAN DE HUEVO EN OLLA EXPRÉS

10MIN

15 MIN

4

PRESUPUESTO MINI

1 HUEVO

4 YEMAS DE HUEVO

60 G DE CARAMELO LÍQUIDO

50 CL DE LECHE

1 VAINA DE VAINILLA

40 G DE AZÚCAR

1. Cubre un molde con los bordes altos con caramelo. Lleva a ebullición la leche con la vaina de vainilla abierta por la mitad. Bate los huevos con el azúcar y añade la leche caliente sin dejar de batir. Vierte la mezcla en el molde.
2. Coloca el molde en una olla exprés llena con 1 l de agua. Cubre el molde con un plato. Tapa la olla y cuece durante 11 minutos a partir del momento en el que empiece a silbar la válvula.
3. Deja que se enfríe y reserva el flan durante al menos 5 horas en la nevera antes de desmoldarlo.

10 MIN

30 MIN

4

PRESUPUESTO MEDIO

CLAFOUTIS DE FRUTAS DEL BOSQUE

250 G DE FRUTAS DEL BOSQUE

2 YEMAS DE HUEVO

70 G DE SIROPE DE AGAVE

25 CL DE LECHE

60 G DE HARINA

1. Bate las yemas de huevo con el sirope de agave y la leche. Incorpora la harina sin dejar de batir.
2. Reparte las frutas del bosque en 4 moldes individuales. Añade la preparación anterior y hornea el clafoutis durante unos 30 minutos a 180 °C.

LIGHT

5 MIN

13 MIN

4

PRESUPUESTO MINI

MANZANAS AL HORNO CON NUBES DE OSITOS DE CHOCOLATE

4 MANZANAS

1 CUCHARADITA DE VAINILLA EN POLVO

4 NUBES DE OSITOS DE CHOCOLATE

1. Retira el corazón de las manzanas sin pelarlas. Colócalas alineadas en una fuente refractaria. Espolvoréalas con la vainilla y hornéalas durante unos 10 minutos a 180 °C.
2. Coloca una nube de osito en el centro de cada manzana y prosigue la cocción durante 3 minutos más. Deja que se entibie.

ESPECIAL NIÑOS

15 MIN

SIN COCCIÓN

4

PRESUPUESTO MEDIO

TIRAMISÚ DE FRAMBUESA

200 G DE FRAMBUESAS

130 G DE MASCARPONE

2 HUEVOS

40 G DE AZÚCAR

4 BIZCOCHOS DE SOLETILLA (MELINDROS)

1 CUCHARADITA DE CACAO SIN AZÚCAR

1. Separa las yemas de las claras de los huevos y monta estas últimas a punto de nieve firme. Bate el mascarpone con el azúcar y las yemas. Añade las claras a punto de nieve con cuidado.
2. Tritura la mitad de las frambuesas y repártelas en 4 ramequines. Agrega un bizcocho de soletilla cortado por la mitad. Cubre con la crema de mascarpone y corona con unas frambuesas frescas. Espolvorea con cacao.

15 MIN

40 MIN

6

PRESUPUESTO MINI

ROSAS
DE MANZANA

1 CUCHARADA DE ZUMO DE LIMÓN

2 MANZANAS ROJAS

1 MASA BRISA

6 CUCHARADITAS DE COMPOTA DE MANZANA

¡RECETA GUAU!

1. Corta las manzanas en rodajas finas sin pelarlas. Caliéntalas durante 2 minutos en el microondas con el zumo de limón y 4 cucharadas de agua hasta que estén blandas. Escúrrelas.
2. Corta la masa en tiras de unos 5 x 25 cm. Pincélalas con la compota. Coloca 7 u 8 rodajas de manzana en la parte superior de cada tira de masa, con la parte redondeada hacia arriba: deben solaparse y sobresalir la mitad de cada una del borde.
3. Dobla la masa sobrante sobre las manzanas. Enrolla cada tira para formar una rosa. Colócalas en un molde para muffins engrasado con mantequilla. Hornea las rosas de manzana durante unos 40 minutos a 180 °C.

Te resultará más fácil montar estas rosas de manzana con una masa brisa rectangular.

PERLAS DE JAPÓN
CON SIROPE DE ROSA

10 MIN

25 MIN

4

PRESUPUESTO MEDIO

80 G DE TAPIOCA

1 CUCHARADA DE SIROPE DE ROSA

250 G DE FRAMBUESAS

50 CL DE LECHE

2 CUCHARADAS DE AZÚCAR

1 CUCHARADITA DE AZÚCAR GLAS

1. Lleva la leche a ebullición y añade la tapioca y el azúcar. Cuece durante 25 minutos, retira del fuego, añade el sirope de rosa y mezcla.
2. Reparte la preparación en 4 ramequines. Deja que se enfríe y reparte las frambuesas. Espolvorea con el azúcar glas.

¡RECETA GUAU!

10MIN

3 MIN

4

PRESUPUESTO MINI

PANNA COTTA
CON CAFÉ

40 CL DE LECHE

10 CL DE NATA LÍQUIDA 15 %

1 CUCHARADA DE CAFÉ LIOFILIZADO

2 LÁMINAS DE GELATINA

1 CUCHARADA DE AZÚCAR

1. Pon en remojo la gelatina en un cuenco con agua fría. Mezcla la leche y la nata líquida en un cazo, lleva a ebullición y añade el café.
2. Escurre la gelatina y disuélvela en la preparación caliente.
3. Vierte la panna cotta en 4 tazas, deja que se enfríe y resérvala durante al menos 6 horas en la nevera.
4. Decora con unos granos de café antes de servir.

15 MIN

1 MIN

4

PRESUPUESTO MINI

MOUSSE
DE CHOCOLATE

200 G DE CHOCOLATE NEGRO

6 HUEVOS

1. Corta el chocolate en trozos y derrítelo en el microondas con 1 cucharada de agua.
2. Separa las yemas de las claras de los huevos y monta estas últimas a punto de nieve firme.
3. Bate las yemas con el chocolate derretido. Incorpora las claras a punto de nieve, mezcla y reserva durante 3 horas en la nevera.

Para una mousse más light, elige un chocolate negro al 70 %, 2 yemas de huevo y 5 claras montadas a punto de nieve.

ESPECIAL NIÑOS

MOYEN MIN

1 H 05

4

PRESUPUESTO MEDIO

CREMA QUEMADA CON SIROPE DE VIOLETA

3 YEMAS DE HUEVO

2 CUCHARADAS DE SIROPE DE VIOLETA

150 G DE NATA LÍQUIDA 20 %

25 CL DE LECHE

30 G DE AZÚCAR

4 CUCHARADITAS DE AZÚCAR MORENO

1. Bate la nata líquida con la leche en un cazo y calienta.
2. Bate las yemas de huevo con el sirope de violeta. Añade progresivamente la leche caliente sin dejar de batir. Reparte la crema en 4 ramequines y hornéala durante más o menos 1 hora a 180 °C.
3. Deja que se enfríe y resérvala durante 1 hora en la nevera. Espolvoréala con el azúcar moreno, deja que caramelice y sirve.

PARA RECIBIR INVITADOS

ARROZ CON LECHE

5 MIN

45 MIN

4

PRESUPUESTO MINI

60 G DE ARROZ REDONDO

50 CL DE LECHE ENTERA

1 VAINA DE VAINILLA

50 G DE AZÚCAR

1. Enjuaga el arroz y hiérvelo durante 3 minutos en un cazo con agua. Escúrrelo.
2. Hierve la leche con la vaina de vainilla abierta por la mitad y el azúcar. Vierte el arroz y cuece durante 45 minutos a fuego muy lento, removiendo, hasta que se absorba la leche.

LIGHT

10 MIN

15 S

4

PRESUPUESTO MINI

MOUSSE
DE QUESO FRESCO CON FRESAS

250 G DE QUESO FRESCO BATIDO 20 %

200 G DE FRESAS

2 LÁMINAS DE GELATINA

2 CL DE LECHE

3 CUCHARADAS DE AZÚCAR AVAINILLADO

1 CLARA DE HUEVO

1. Pon la gelatina en remojo en un cuenco con agua fría. Calienta la leche. Incorpora la gelatina en la leche caliente.
2. Bate el queso fresco batido con el azúcar avainillado. Añade la clara de huevo montada a punto de nieve y la leche. Vierte la preparación en 4 copas, cúbrelas con film transparente y resérvalas durante 1 hora en la nevera.
3. Tritura las fresas y cubre las mousses con el coulis antes de servir.
4. Decora las copas con algunas fresas cortadas por la mitad.

10 MIN

3 MIN

4

PRESUPUESTO MINI

LIMÓN
EN JALEA

3 LIMONES

1 L DE AGUA MINERAL

230 G DE AZÚCAR

70 G DE FÉCULA DE MAÍZ

1. El día anterior, vierte el agua en un cuenco y añade la ralladura de los limones y el azúcar. Deja que repose durante 2 horas.
2. Mezcla el zumo de los limones con la fécula de maíz y disuelve la preparación en un cuenco sin dejar de batir. Lleva a ebullición y calienta durante 3 minutos sin dejar de remover, hasta que espese.
3. Reparte la preparación en 4 vasos o copas, deja que se enfríe y reserva durante una noche en la nevera.

PARA RECIBIR INVITADOS

15 MIN

30 MIN

4

PRESUPUESTO MEDIO

GALETTE DES ROIS INFALIBLE

2 MASAS DE HOJALDRE

125 G DE MANTEQUILLA

125 G DE AZÚCAR

125 G DE ALMENDRAS MOLIDAS

2 HUEVOS

1 YEMA DE HUEVO

1. Prepara la frangipane: para ello, derrite la mantequilla y mézclala con el azúcar, las almendras molidas y los huevos batidos.
2. Desenrolla una masa y reparte en ella la frangipane dejando 1 cm en los bordes. Humedece el contorno, coloca la segunda masa y pellizca los bordes de ambas masas para sellarlas.
2. Pincela la parte superior de la galette con la yema de huevo batida y decórala con la punta de un cuchillo. Hornéala durante 30 minutos a 180 °C.

ESPECIAL NIÑOS

TRONCO DE CASTAÑA

15 MIN

5 MIN

4

PRESUPUESTO MEDIO

450 G DE CREMA DE CASTAÑA

450 G DE PURÉ DE CASTAÑA

100 G DE MANTEQUILLA

125 G DE CHOCOLATE NEGRO

1. El día anterior, derrite por separado la mantequilla y el chocolate cortado en trozos. Mezcla, por este orden, la crema y el puré de castaña, la mantequilla y el chocolate.
2. Vierte la preparación en un molde para bizcochos forrado con papel sulfurizado y resérvala durante una noche en la nevera.

¡RECETA GUAU!

10 MIN

20 MIN

4

PRESUPUESTO MEDIO

COOKIES DE CHOCOLATE Y PERA

2 CUCHARADAS DE PEPITAS DE CHOCOLATE NEGRO

½ PERA

70 G DE MANTEQUILLA

60 G DE AZÚCAR MORENO

1 CLARA DE HUEVO

125 G DE HARINA

1. Bate la mantequilla ablandada con el azúcar y la clara de huevo. Añade la harina, las pepitas de chocolate y la ½ pera cortada en dados.
2. Forma unos discos de masa de 5 cm de diámetro y colócalos en una bandeja forrada con papel sulfurizado. Hornea las cookies durante 20 minutos a 180 °C.

ESPECIAL NIÑOS

10 MIN

25 MIN

4

PRESUPUESTO MINI

TEJAS
DE PASTA DE CABELLO DE ÁNGEL

40 G DE PASTA DE CABELLO DE ÁNGEL

1 CLARA DE HUEVO

1 SOBRE DE AZÚCAR AVAINILLADO

1. Mezcla la clara de huevo con el azúcar avainillado. Cuece la pasta durante 2 minutos en agua hirviendo. Escúrrela y añádela sin dejar de remover.
2. Forma unos discos finos de 5 cm de diámetro con la ayuda de una cuchara sobre una bandeja forrada con papel sulfurizado. Hornea las tejas durante 25 minutos a 180 °C.

La pasta de cabello de ángel es una variedad de pasta más fina que los fideos.

FINANCIEROS INSTANTÁNEOS

15 MIN

20 MIN

4

PRESUPUESTO MINI

4 CLARAS DE HUEVO

60 G DE HARINA

150 G DE AZÚCAR

80 G DE ALMENDRAS MOLIDAS

100 G DE MANTEQUILLA

1. Bate las claras de huevo con la harina, el azúcar y las almendras molidas. Derrite la mantequilla e incorpórala.
2. Vierte la masa obtenida en un molde para financieros engrasado con mantequilla y hornea durante 20 minutos a 200 °C.

10 MIN

5-7 MIN

4

PRESUPUESTO MEDIO

ROLLITOS DE PLÁTANO Y COCO

4 HOJAS DE MASA BRICK

2 PLÁTANOS

20 G DE CHOCOLATE NEGRO

2 CUCHARADAS DE COCO RALLADO

15 G DE MANTEQUILLA

1. Humedece las hojas de masa brick, reparte los plátanos cortados en rodajas, espolvorea con el chocolate rallado y el coco. Enrolla las hojas de masa para formar 4 rollitos.
2. Derrite la mantequilla en una sartén y cocina en ella los rollitos de 5 a 7 minutos (dales la vuelta de vez en cuando).

EXPRÉS

ÍNDICE DE RECETAS POR INGREDIENTE

A

Aceitunas

Ñoquis exprés con nata 130

Polenta de pescado a la provenzal 300

Pollo al limón con aceitunas 162

Rollitos de olivada 34

Tabulé 78

Acelgas

Gratén de acelgas con requesón 308

Aguacates

Aguacates gratinados con huevo 48

Cola de rape con aguacate 270

Hamburguesas con aguacate 186

Albaricoques

Brochetas de cordero con albaricoque 250

Paletilla de cerdo al albaricoque 222

Tajín de pollo con orejones de albaricoque 154

Alcachofas

Filetes de lenguado con alcachofas 276

Alcaparras

Pizza de verano 104

Rollitos de olivada 34

Alubias blancas

Minestrone 66

Potaje en 10 minutos 236

Sopa de alubias blancas y tomate 62

Alubias rojas

Chile *light* y fácil 194

Anchoas

Rollitos de olivada 34

Arroz

Arroz con leche 392

Fricasé de vieiras y gambas 286

Plato de mamá de la nevera vacía 340

Risotto con chorizo y pollo 136

Atún

Bricks al huevo 42

Copas de crema de remolacha y atún 12

Dip de atún 10

One pan pasta con atún 122

Avellanas

Cookies de queso de cabra y avellanas 26

Azafrán

Calamares con tomate y vino blanco 294

Pollo asado al azafrán 140

Rape al azafrán 268

B

Bacalao

Buñuelos de bacalao 36

Gratén de bacalao 302

Lomo de bacalao con lomo embuchado 260

Beicon

Chuletas de cordero con beicon 244

Filetes de salmonete con beicon 278

Hamburguesas con aguacate 186

Rollos de pavo con beicon 168

Tarrina de zanahorias 50

Tarta flambeada 98

Beicon ahumado

Conejo al vino blanco 220

Berenjenas

Muslos de pollo con verduras 138

Pollo asado a la provenzal 152

Biscotes

San jacobos de lomo embuchado y calabacín 342

Torta de salmón 94

Tortas de patatas y jamón 344

Boniatos

Solomillo con puré de boniato 230

Brioche

Huevos en nido de brioche 46

Brócoli

Curri vegetariano 324

Fideos chinos con pato 114

Tallarines verdes con brócoli 118

Buey

Carbonada de buey con cerveza y pan de especias 200

Lomo de bacalao con lomo embuchado 260

C

Calabacines

Calabacines rellenos 188

Cuscús de albóndigas exprés 196

Farfalle a la italiana 110

Panqueques de calabacín rallado 346

Pizza de verano 104

Pollo asado a la provenzal 152

San jacobos de lomo embuchado y calabacín 342

Sartenada de pollo con calabacín y tomate 144

Sopa de calabacín y queso 72

Tallarines variados 116

Verduras rellenas a la marroquí 198

Calabaza

Gratén de calabaza y patata 316

Calamares

Calamares con pimentón y tomate 296

Calamares con tomate y vino blanco 294

Calvados

Tarrina de foie gras 52

Tarta normanda de manzana 360

Camembert

Sándwich normando 108

Canelones

Canelones de espinacas y ricotta 126

Caramelo líquido

Flan de huevo en olla exprés 374

Carne picada

Albóndigas de ternera con cilantro 192

Calabacines rellenos 188

Chile *light* y fácil 194

Cuscús de albóndigas exprés... 196
Hamburguesas con aguacate .. 186
Ternera picada con zanahorias y comino........... 190
Verduras rellenas a la marroquí 198

Cebada perlada

Sopa iraní 70

Cerdo

Costillas de cerdo con miel 224
Medallones de cerdo a las cuatro especias................. 234
Paletilla de cerdo al albaricoque.............................. 222
Redondo de cerdo con limón confitado 232
Redondo de cerdo con miel 228

Cerezas

Pintada con cerezas al oporto.. 164

Cerveza

Carbonada de buey con cerveza y pan de especias 200
Rollos de pavo con beicon......... 168

Champiñones

Blanqueta de vieiras.................. 292
Champiñones rellenos de queso de cabra......................... 32
Risotto de pasta y guisantes 134
Solomillo al limón 214
Ternera a la normanda 210

Chocolate

Cookies de chocolate y pera.... 402
Mousse de chocolate 388
Rollitos de plátano y coco 408
Tronco de castaña...................... 400

Chorizo

Rape al azafrán 268
Risotto con chorizo y pollo........ 136

Cintas de beicon

Eggboats de beicon y queso..... 106
Huevos en nido de brioche 46
Potaje en 10 minutos................. 236
Quiche al tomillo 88
Quiche de quesitos sin masa...... 82
Tarta flambeada............................ 98

Ciruelas pasas

Caramelos de ciruelas pasas y jamón serrano........................... 16
Conejo con ciruelas pasas 218
Far bretón 372
Pintada con ciruelas pasas 146

Clementinas

Gratén de frutas de invierno.... 348

Coco

Curri vegetariano........................ 324
Flan de coco 368
Rollitos de plátano y coco 408

Codorniz

Codornices con pasas................ 178

Coles de Bruselas

Coles de Bruselas con tofu y manzana 320

Coliflor

Crema de coliflor con trucha ahumada 68
Gratén de coliflor con panceta curada........................... 314

Conejo

Conejo a la mostaza 216
Conejo al vino blanco 220
Conejo con ciruelas pasas 218

Copos de avena

Tomates rellenos vegetarianos . 318

Cordero

Brochetas de cordero con albaricoque 250
Chuletas de cordero con beicon 244
Chuletas de cordero con costra.................................. 246
Cordero salteado con queso fresco....................... 248
Paletilla de cordero a la naranja 242
Paletilla de cordero al ajo 240

Crema de castaña

Tronco de castaña...................... 400

D

Dátiles

Curri de pavo con dátiles........... 172

Dorada

Doradas asadas con costra de sal... 274

E

Edam

Rollos de pavo con beicon......... 168

Endibias

Solomillos de pato a la naranja 184

Espárragos

Huevos revueltos con espárragos 336

Espinacas

Canelones de espinacas y ricotta 126
Pasta rellena de espinacas 132
Tallarines verdes con brócoli 118

F

Feta

Pastel de verano........................... 44
Tallarines variados...................... 116

Fideos chinos

Fideos chinos con pato.............. 114

Foie gras

Tarrina de foie gras 52

Frambuesas

Perlas de Japón con sirope de rosa 384
Tiramisú de frambuesa 380

Fresas

Mousse de queso fresco con fresas 394

Frutas del bosque

Clafoutis de frutas del bosque 376

G

Galletas de mantequilla

Pastel de galletas de mantequilla 366

Gambas

Blanqueta de vieiras.................. 292
Ensalada Mao 74
Fricasé de vieiras y gambas..... 286
Gambas al curri con leche de coco 284
Gambas al whisky....................... 288

Gorgonzola

Pasta con berenjena y gorgonzola................................ 124

Guindilla

Buñuelos de bacalao al estilo de las Antillas.................. 36

Guisantes

Minestrone..................................... 66

H

Higos

Papillotes de higos..................... 358

Hinojo

Papillotes de salmón con hinojo 252
Sopa mediterránea 64

J

Jamón de pavo

Pastel de pavo y queso de cabra 40

Jamón serrano

Caramelos de ciruelas pasas y jamón serrano 16

Casi piperrada 326

Codornices con pasas 178

Pollo a la vasca 142

Rollos de merluza con jamón serrano 262

Judías verdes

Chile *light* y fácil 194

Curri vegetariano 324

K

Kiwis

Gratén de frutas de invierno 348

L

Lasaña

Lasaña provenzal 128

Leche de coco

Curri de pavo con dátiles 172

Curri vegetariano 324

Gambas al curri con leche de coco 284

Paletilla de cerdo al albaricoque 222

Pollo al curri con leche de coco 160

Lechuga

Rollitos de wraps de jamón y queso 20

Lenguado

Filetes de lenguado con alcachofas 276

Lentejas

Torta de pato y lentejas 90

Lima

Cazoletas dulces exóticas 354

Curri vegetariano 324

Papillotes de salmón con hinojo 252

Sopa iraní 70

Limón

Calamares con pimentón y tomate 296

Cola de rape con aguacate 270

Doradas asadas con costra de sal 274

Fiadone 370

Filetes de lenguado con alcachofas 276

Filetes de merluza con zanahorias y limón 264

Limón en jalea 396

Osobuco de pavo 174

Pollo al limón con aceitunas 162

Pollo asado al azafrán 140

Redondo de cerdo con limón confitado 232

Salmón gratinado con hierbas aromáticas 256

Solomillo al limón 214

Tabulé 78

Tallarines variados 116

Lomo embuchado

Pizz'ins (pizzas estilo muffins) 24

San jacobos de lomo embuchado y calabacín 342

Tapas de pera y lomo embuchado 22

M

Mangos

Cazoletas dulces exóticas 354

Ensalada Mao 74

Gratén de mango y tapioca 350

Manzanas

Coles de Bruselas con tofu y manzana 320

Crumble de manzana 352

Gratén de frutas de invierno 348

Manzanas al horno con nubes de ositos de chocolate 378

Pastel de manzana 362

Redondo de pavo con manzanas 176

Rosas de manzana 382

Sándwich normando 108

Tarrina de foie gras 52

Tarta normanda de manzana 360

Masa brick

Bricks al huevo 42

Caramelos de ciruelas pasas y jamón serrano 16

Rollitos de plátano y coco 408

Masa brisa

Pastel de dos salmones 92

Pastel suflé de comté 84

Quiche al tomillo 88

Rosas de manzana 382

Tarta normanda de manzana 360

Masa de hojaldre

Galette des rois infalible 398

Palmeras de tomate concentrado 30

Rollitos de olivada 34

Tarta fina de tomate 86

Torta de pato y lentejas 90

Torta de salmón 94

Masa filo

Pizza filo 100

Masa para pizza

Pizz'ins (pizzas estilo muffins) 24

Pizza blanca 102

Pizza de verano 104

Rollitos de olivada 34

Mascarpone

Tiramisú de frambuesa 380

Mejillones

Mejillones al curri 298

Rape al azafrán 268

Melocotones

Papillotes de pato al melocotón 180

Melón

Ensalada da Vinci 76

Merluza

Filetes de merluza con zanahorias y limón 264

Polenta de pescado a la provenzal 300

Rollos de merluza con jamón serrano 262

Miel

Babilla de ternera con zanahorias y miel 208

Chuletas de cordero con costra 246

Costillas de cerdo con miel 224

Fideos chinos con pato 114

Pollo dorado con miel 150

Redondo de cerdo con miel 228

Mozzarella

Ensalada da Vinci 76

Farfalle a la italiana 110

Pizza blanca 102

Pizza filo 100

N

Nabos

Cuscús de albóndigas exprés 196

Minestrone 66

Naranjas
Paletilla de cordero a la naranja ... 242
Papillotes de pato al melocotón ... 180
Salmón marinado con zumo de naranja ... 254
Solomillos de pato a la naranja ... 184
Sopa de zanahoria a la naranja ... 60
Nubes de ositos de chocolate
Manzanas al horno con nubes de ositos de chocolate ... 378

Ñ

Ñoquis
Ñoquis a la sartén al estilo cantonés ... 112
Ñoquis exprés con nata ... 130

O

Olivada
Rollitos de olivada ... 34
Salmonetes a la albahaca ... 280
Oporto
Codornices con pasas ... 178
Papillotes de pato al melocotón ... 180
Pintada con cerezas al oporto .. 164

P

Pan de especias
Carbonada de buey con cerveza y pan de especias ... 200
Pan de molde
Huevos con tocino asado al estilo muffin ... 38
Pastel de pavo y queso de cabra ... 40
Sándwich normando ... 108
Pan de pueblo
Aguacates gratinados con huevo ... 48
Tostadas con peras ... 80
Panceta curada
Gratén de coliflor con panceta curada ... 314
Linguine con panceta curada ... 120
Papaya
Cazoletas dulces exóticas ... 354
Parmesano
Aguacates gratinados con huevo ... 48
Canelones de espinacas y ricotta ... 126
Clafoutis de tomates cherry y queso de cabra ... 312
Filetes de salmonete con beicon ... 278
Gratén de bacalao ... 302
Huevos revueltos con espárragos ... 336
Linguine con panceta curada ... 120
Ñoquis exprés con nata ... 130
Pasta rellena de espinacas ... 132
Pastel de pavo y queso de cabra ... 40
Pizza filo ... 100
Polenta de pescado a la provenzal ... 300
Risotto de pasta y guisantes ... 134
Tallarines verdes con brócoli ... 118
Pasas
Codornices con pasas ... 178
Pasta
Farfalle a la italiana ... 110
Linguine con panceta curada ... 120
One pan pasta con atún ... 122
Pasta con berenjena y gorgonzola ... 124
Pasta rellena de espinacas ... 132
Risotto de pasta y guisantes ... 134
Tallarines variados ... 116
Tallarines verdes con brócoli ... 118
Pasta de curri verde
Curri vegetariano ... 324
Patatas
Gratén de calabaza y patata ... 316
Gratén delfinés ... 310
Gratén nórdico de salmón y patatas ... 304
Solomillo con puré de boniato. 230
Tortas de patatas y jamón ... 344
Tortilla de patatas ... 328
Pato
Fideos chinos con pato ... 114
Papillotes de pato al melocotón ... 180
Pato a la piña ... 182
Solomillos de pato a la naranja. 184
Torta de pato y lentejas ... 90
Pavo
Curri de pavo con dátiles ... 172
Osobuco de pavo ... 174
Pastel de pavo y queso de cabra ... 40
Pavo salteado con mostaza a la antigua ... 170
Pavo salteado con setas ... 166
Redondo de pavo con manzanas ... 176
Rollos de pavo con beicon ... 168
San jacobos de lomo embuchado y calabacín ... 342
Pepinos
Ensalada da Vinci ... 76
Tabulé ... 78
Peras
Cookies de chocolate y pera ... 402
Gratén de frutas de invierno ... 348
Tapas de pera y lomo embuchado ... 22
Tostadas con peras ... 80
Pescado
Pescado a la vainilla ... 258
Pimentón
Jamón con piña ... 238
Pimentón dulce
Calamares con pimentón y tomate ... 296
Lomo de bacalao con lomo embuchado ... 260
Paletilla de cerdo al albaricoque ... 222
Tapas de pera y lomo embuchado ... 22
Pimientos
Casi piperrada ... 326
Cuscús de albóndigas exprés ... 196
Farfalle a la italiana ... 110
Muslos de pollo con verduras ... 138
Pizza de verano ... 104
Pollo a la vasca ... 142
Pollo asado a la provenzal ... 152
Sopa mediterránea ... 64
Pintada
Pintada con cerezas al oporto ... 164
Pintada con ciruelas pasas ... 146
Piña
Cazoletas dulces exóticas ... 354
Jamón con piña ... 238
Pato a la piña ... 182
Pistachos
Tajín de pollo con orejones de albaricoque ... 154

Plátanos
Gratén de frutas de invierno.... 348
Plátanos flambeados................ 356
Rollitos de plátano y coco 408
Polenta
Gratén de bacalao 302
Polenta de pescado a la provenzal 300
Pollo
Brochetas de pollo yakitori........ 156
Muslos de pollo con verduras ... 138
Pizza blanca 102
Pollo a la vasca 142
Pollo al curri con leche de coco 160
Pollo al limón con aceitunas 162
Pollo al vinagre........................... 148
Pollo asado a la provenzal 152
Pollo asado al azafrán 140
Pollo con salsa de soja dulce 158
Pollo dorado con miel................ 150
Risotto con chorizo y pollo........ 136
Sartenada de pollo con calabacín y tomate............. 144
Tajín de pollo con orejones de albaricoque 154
Puerros
Crema de coliflor con trucha ahumada 68
Gratén de raviolis y zamburiñas............................. 306
Minestrone.................................... 66
Sartenada de surimi con puerros 322

Q

Quesitos
Panqueques de calabacín rallado 346
Quiche de quesitos sin masa 82
Queso
Eggboats de beicon y queso..... 106
Gratén de acelgas con requesón 308
Pastel suflé de comté.................. 84
Queso de cabra
Bolas de queso fresco y uva 14
Champiñones rellenos de queso de cabra........................ 32
Clafoutis de tomates cherry y queso de cabra 312
Cookies de queso de cabra y avellanas 26
Pastel de pavo y queso de cabra 40
Tortilla de queso de cabra con menta.................................. 330
Queso fresco batido
Copas de crema de remolacha y atún... 12
Cordero salteado con queso fresco.. 248
Dip de atún 10
Mousse de queso fresco con fresas 394
Rollitos de wraps de jamón y queso 20

R

Rape
Cola de rape con aguacate 270
Curri de carrillera de rape con sidra.. 266
Rape al azafrán.......................... 268
Raviolis
Gratén de raviolis y zamburiñas............................. 306
Remolacha
Copas de crema de remolacha y atún... 12
Requesón
Fiadone... 370
Gratén de acelgas con requesón 308
Ricotta
Canelones de espinacas y ricotta 126
Pasta rellena de espinacas 132
Pizza blanca 102
Sardinas rellenas de albahaca. 282
Tapas de pera y lomo embuchado 22
Tarrina de zanahorias.................. 50
Ron
Plátanos flambeados................ 356
Jamón con piña.......................... 238
Roquefort
Solomillo al roquefort................ 226
Tapas de pera y lomo embuchado 22
Ternera mechada al roquefort................................. 206
Tostadas con peras y roquefort.................................. 80
Rúcula
Linguine con panceta curada... 120

S

Salchichas
Potaje en 10 minutos................ 236
Salchichas de tofu
Coles de Bruselas con tofu y manzana 320
Salmón
Gratén nórdico de salmón y patatas 304
Pan de brioche de salmón........... 58
Pan de salmón 54
Papillotes de salmón con hinojo 252
Pastel de dos salmones 92
Rollitos de salmón ahumado 28
Salmón gratinado con hierbas aromáticas................................. 256
Salmón marinado con zumo de naranja 254
Torta de salmón 94
Salmonetes
Filetes de salmonete con beicon 278
Salmonetes a la albahaca......... 280
Salsa de soja
Brochetas de pollo yakitori........ 156
Cola de rape con aguacate 270
Costillas de cerdo con miel 224
Ensalada Mao 74
Fideos chinos con pato.............. 114
Pollo con salsa de soja dulce 158
Pollo dorado con miel................ 150
Salmón marinado con zumo de naranja 254
Salvia
Chuletas de cordero con beicon 244
Chuletas de cordero con costra................................. 246
Sopa de alubias blancas y tomate 62
Sardinas
Sardinas rellenas de albahaca 282
Sémola
Tabulé 78
Sidra
Curri de carrillera de rape con sidra.. 266

Redondo de pavo con manzanas....176
Ternera a la normanda....210

Sirope de arce

Salmón marinado con zumo de naranja....254

Surimi

Sartenada de surimi con puerros....322

T

Tapioca

Gratén de mango y tapioca....350
Perlas de Japón con sirope de rosa....384

Ternera

Albóndigas de ternera con cilantro....192
Babilla de ternera con zanahorias y miel....208
Cuscús de albóndigas exprés....196
Entraña con chalotas....204
Escalopas de ternera con costra de especias....212
Hamburguesas con aguacate..186
Solomillo al limón....214
Ternera a la normanda....210
Ternera mechada al roquefort.206
Tournedós con cebollas....202

Tocino

Huevos con tocino asado al estilo muffin....38

Tomates

Calamares con pimentón y tomate....296
Clafoutis de tomates cherry y queso de cabra....312
Huevos con tomate y ajo....334
Linguine con panceta curada...120
Minestrone....66
Pastel de verano....44
Pizza filo....100
Polenta de pescado a la provenzal....300
Pollo a la vasca....142
Pollo asado a la provenzal....152
Sartenada de pollo con calabacín y tomate....144
Sopa mediterránea....64
Tabulé....78
Tarrina de tomates y queso de cabra....56
Tomates rellenos vegetarianos.318

Tortillas

Rollitos de wraps de jamón y queso....20
Tarta flambeada....98

Truchas

Truchas con almendras....272

U

Uvas negras

Bolas de queso fresco y uva....14

V

Vainilla

Arroz con leche....392
Flan de huevo en olla exprés....374
Manzanas al horno con nubes de ositos de chocolate....378
Pescado a la vainilla....258

Vieiras

Blanqueta de vieiras....292
Fricasé de vieiras y gambas....286
Vieiras con crema de whisky...290

Vino blanco

Blanqueta de vieiras....292
Calamares con tomate y vino blanco....294
Cola de rape con aguacate....270
Conejo a la mostaza....216
Conejo al vino blanco....220
Entraña con chalotas....204
Filetes de merluza con zanahorias y limón....264
Mejillones al curri....298
Pavo salteado con mostaza a la antigua....170
Pescado a la vainilla....258
Pintada con ciruelas pasas....146
Rape al azafrán....268
Redondo de cerdo con miel....228
Risotto con chorizo y pollo....136
Solomillo con puré de boniato..230

Vino tinto

Conejo con ciruelas pasas....218

W

Whisky

Gambas al whisky....288
Vieiras con crema de whisky...290

Z

Zamburiñas

Gratén de raviolis y zamburiñas....306

Zanahorias

Babilla de ternera con zanahorias y miel....208
Cuscús de albóndigas exprés...196
Fideos chinos con pato....114
Filetes de merluza con zanahorias y limón....264
Osobuco de pavo....174
Sartenada de surimi con puerros....322
Sopa de zanahoria a la naranja..60
Sopa iraní....70
Sopa mediterránea....64
Tarrina de zanahorias....50
Ternera picada con zanahorias y comino....190

Créditos de las fotografías: © Thinkstock, © Shutterstock, © Larousse.

Agradecimientos

Un libro es, ante todo, una hermosa aventura humana y un increíble trabajo en equipo
con multitud de hadas escondidas en las sombras.
Gracias a Isabelle, Ghislaine, Alice, Emilie, Amandine y Sylvie.
Quisiera dar las más sinceras gracias a la editorial Larousse por la confianza depositada
en mí y el buen trabajo realizado: ¡lo conseguimos!

Élise Delprat-Alvarès

La editora agradece a Barbara, Catherine, Coralie, Émilie, Marie, Marie, Marion y Nathalie los pequeños toques personales que han aportado a este libro.

EDICIÓN ORIGINAL

Dirección de la publicación: Isabelle Jeuge-Maynart y Ghislaine Stora
Dirección editorial: Émilie Franc
Directora artística: Mélissande Mestas
Edición: Alice Dauphin, Laure Grignon, Marion Dellapina
Diseño gráfico: Valentine Antenni

EDICIÓN EN ESPAÑOL

Dirección editorial: Jordi Induráin
Edición: Àngels Casanovas
Traducción: Jordi Trilla
Corrección: Àngels Olivera
Maquetación y preimpresión: Marc Monner
Diseño de cubierta: Isaac Gimeno

c/ Rosa Sensat, 9-11, 3.a planta
08005 Barcelona
Tel.: 93 241 35 05
larousse@larousse.es - www.larousse.es
facebook.com/larousse.es - @Larousse_ESP

Primera edición: octubre de 2022

ISBN: 978-84-19250-63-6
Depósito legal: B-11339-2022
1E1I

PAPEL DE FIBRA
CERTIFICADA